스마트한 과학 수업! ❷
지구와 우주, 생명

스마트한 과학 수업! ❷ 지구와 우주, 생명

발행일	2021년 12월 31일

지은이	강동훈, 이수빈, 윤서화		
펴낸이	손형국		
펴낸곳	(주)북랩		
편집인	선일영	편집	정두철, 배진용, 김현아, 박준, 장하영
디자인	이현수, 허지혜, 안유경	제작	박기성, 황동현, 구성우, 권태련
마케팅	김회란, 박진관		
출판등록	2004. 12. 1(제2012-000051호)		
주소	서울특별시 금천구 가산디지털 1로 168, 우림라이온스밸리 B동 B113~114호, C동 B101호		
홈페이지	www.book.co.kr		
전화번호	(02)2026-5777	팩스	(02)2026-5747

ISBN	979-11-6836-064-8 04370 (종이책)	979-11-6836-090-7 04370 (세트)
	979-11-6836-065-5 05370 (전자책)	

(주)북랩 성공출판의 파트너
북랩 홈페이지와 패밀리 사이트에서 다양한 출판 솔루션을 만나 보세요!
홈페이지 book.co.kr   •   **블로그** blog.naver.com/essaybook   •   **출판문의** book@book.co.kr

작가 연락처 문의 ▸ ask.book.co.kr
작가의 연락처는 개인정보이므로 북랩에서 알려드릴 수가 없습니다.

과학 실험 도구가
앱 속으로,
과학이
재미있어진다

스마트한 과학 수업!

지구와 우주, 생명 ❷

강동훈, 이수빈, 윤서화

언제까지 학생들을 나침반도 없이
인터넷의 망망대해에 떠 있게 할 것인가.
스마트폰 앱과 **웹사이트**를 연계하면
흥미 만점의 수업을 만들 수 있다!

북랩 book Lab

목차

지구과 우주

※ 사용앱은 2021년 8월 기준으로 작성되었습니다.
  앱 업데이트로 인해 내용 및 구성이 책의 내용과 다를 수 있습니다.

생명

지구와 우주

지구의 모습

	사용 앱	[실감형콘텐츠]	QR코드
AR VR	기능	교과 학습 내용을 중심으로 입체적인 학습을 할 수 있는 체험 활동을 소개함	
	지원 OS	안드로이드, iOS	
	개발	KERIS	

 성취기준

[4과16-01] 지구와 관련된 자료를 조사해 모양과 표면의 모습을 설명할 수 있다.

[4과16-02] 육지와 비교해 바다의 특징을 설명할 수 있다.

[4과16-03] 지구 주위를 둘러싼 공기의 역할을 예를 들어 설명할 수 있다.

[4과16-04] 달을 조사해 모양, 표면, 환경을 이해하고 지구와 달을 비교할 수 있다.

차시 안내

[1차시] 지구와 달의 모습을 몸으로 표현하기

[2차시] 지구의 표면의 모습 표현하기

[3차시] 지구의 육지와 바다의 특징 알아보기

[4차시] 지구의 공기가 하는 역할 알아보기

[5차시] 지구는 어떤 모양인지 알아보기

[6차시] 달은 어떤 모습인지 알아보기

[7~8차시] 지구와 달은 어떻게 다른지 알아보기

[9~10차시] 소중한 지구 보존하기

[11차시] 지구의 모습을 정리하기

 **차시 활동**

　지구의 모습 단원에서는 우리가 살고 있는 지구에 대해서 이해하고 우리에게 친숙한 달과 비교해보는 시간을 갖습니다. 우주에 관심이 있어 관련 책을 많이 읽은 학생이 아니라면 생각보다 지구에 대해서 잘 모르고 있습니다. '우리가 사는 지구는 둥글고 지구에는 땅과 바다가 있다.' 정도로 알고 있는 학생들이 많습니다. 단원을 여는 사진을 보면서 우리가 알고 있는 지구의 모습에 관해 이야기를 나눕니다. 옛날 사람들이 생각한 지구의 모습을 비교하기 위해서 그리스로마 신화에 나오는 헤라클레스와 아틀라스 이야기를 들려주었습니다. 이야기 속에서는 아틀라스가 하늘을 떠받치는 모습으로 나옵니다. 옛날에는 편평한 땅이 있고 하늘을 떠받치는 누군가가 있었다고 생각했던 것입니다.

　2차시에서는 지구의 표면에서 볼 수 있는 다양한 모습을 살펴봅니다. 사진으로 본 적 있는 외국의 풍경이 지구 표면의 모습이라는 것을 인식하고 배우게 됩니다. 지구 표면의 모습을 표현하는 활동이 있는데 큰 종이나 우드록에 산, 들, 강, 호수, 갯벌, 사막, 빙하, 산맥, 화산 등 일부 모습을 사진으로 붙여놓은 뒤 그림을 이어 완성하게 한다면 그냥 그림을 그리고 표현하는 것보다 좀 더 쉽게 활동할 수 있습니다.

　3차시에서는 육지와 바다의 차이점을 알아봅니다. 세계지도에서 육지와 바다의 칸수를 세어보면 바다의 칸수가 육지보다 많다는 것을 알 수 있습니다. 이때 십중팔구 이런 질문들이 들어옵니다. "선생님! 한 칸 안에 바다와 육지가 같이 있는 것은 무엇으로 분류하면 되나요?" 그러면 "한 칸 안에 육지가 많이 차지하는 칸은 육지로 분류하고 바다가 많이 차지하는 칸은 바다라고 분류해보세요." 라고 말해줍니다. 이 경우 어떤 학생은 육지가 37칸, 바다가 63칸이라고 셀 수도 있고 육지가 33칸, 바다가 67칸이라고 셀 수도 있습니다. 이 활동에서 중요한 것은 학생이 육지와 바다를 정확하게 세는 것이 아니라 육지와 바다의 넓이를 비교하는 것입니다. 이때 처음으로 바다가 땅보다 더 넓은 면적을 차지한다는 사실을 알게 되는 학생이 많습니다. 이 차시에서는 담수와 바닷물의 차이를 알고, 물의 소중함을 강조하는 환경교육을 병행해 수업을 진행할 수도 있습니다. 특히, 여름방학이 다가오는 시기인 만큼 계곡이나 바다를 놀러 갔던 경험을 떠올리면서 학생들의 경험에서 담수와 바닷물 맛을 비교해보며 즐겁게 이야기를 나눌 수 있습니다.

　4차시에서는 공기에 대해서 알아봅니다. 눈에 보이지 않지만 언제나 우리와 함께하는 공기의 역할을 이해합니다. 아이들은 교과서 그림을 보면서 공기의 다양한 역할을 발표합니다.

"공기가 있어서 열기구가 떠요."

"공기가 있어서 숨을 쉴 수 있어요."

"연날리기도 할 수 있어요."

"공기가 있어서 새가 날 수 있어요."

공기가 우리 눈에 보이지 않아서 잘 인식하지 못하는 학생도 있습니다. 3학년 학생들은 구체물을 활용하여 수업할 경우 더욱더 효과적이므로 지퍼백, 풍선, 비닐팩 등에 공기를 채워보고 이야기를 나누면 좀 더 자연스레 공기에 대해 이해하게 됩니다.

5차시에서는 옛날 사람들이 지구의 모양에 대해서 어떻게 생각했는지 이야기를 들어보고 현재 위성 사진을 통해 지구가 둥글다는 것을 배웁니다. 요즘에는 지구의 사진을 쉽게 볼 수 있기 때문에 학생들도 대부분 지구가 둥글다는 것을 알고 있습니다. 예전에는 지구가 둥글다는 것을 모르는 사람들이 많았다고 하면 정말 그랬냐고 되묻는 학생들도 있습니다. 예를 들어 힌두교에서는 평평한 지구의 땅을 코끼리들이 떠받치고 있고 그 코끼리들은 거북이 등에 올라타 있다고 생각했습니다. 동양이나 서양이나 옛날에는 지구의 모양을 편평하게 생각했던 이야기를 나누며 우리가 당연하게 생각하는 '지구는 둥글다.'를 다시 한 번 더 확인할 수 있습니다. 그렇지만 지구는 둥근데 우리는 왜 땅이 평평한 것처럼 느끼는지 궁금해하는 학생도 많습니다. 그것은 바로 지구가 사람보다 아주 크기 때문에 편평해 보이는 것이죠. 지구가 둥글다는 증거를 위성 사진 외에 어떻게 찾을 수 있을까요? 교과서에서는 마젤란 탐험대의 세계 일주에 관해 이야기해 줍니다. 3학년 학생들이 지구본을 들고 세계 지리를 탐색하는 것은 3학년 수준을 넘어서는 활동입니다. 하지만 선생님과 함께 마젤란의 세계 일주 출발지에서 도착지까지 따라가며 항로를 그려보는 활동은 지구가 둥글다는 것을 간접적으로 체험할 수 있게 해줍니다. 이때 평면지도를 활용하여 마젤란의 항로를 따라가기보다는 지구본에 마젤란의 항로를 그려보는 활동이 더 효과적이었습니다. 그리고 손가락으로만 지구본을 따라가기보다는 수성 마커펜을 이용하면 지구본 위에도 잘 그려지고 잘 지워져서 유용하게 이용할 수 있습니다.

2~5차시의 수업을 통해 우리가 살고 있는 지구의 모양, 육지, 바다, 공기에 대해 알게 됩니다. 또한 지구에서는 생명이 살 수 있다는 것을 알고 지구와 달의 큰 차이점을 느끼게 됩니다.

3학년 1학기의 마지막 단원인 지구의 모습 단원이 거의 끝나갈 무렵, 학생들과 한 학기 동안 배운 내용도 정리하고 처음으로 배운 과학이란 과목에 대해 느낀 점에 대해 말해보는 시간을 가져봐도 좋습니다. 학생들은 대부분 과학이 생각보다 쉬웠고, 우리 주위를 많이 관찰할 수 있어서 좋다고 했습니다. 다만 TV나 영상에서 보았던 과학자들처럼 멋진 실험을 하거나 비커나 삼각플라스크를 흔드는 작업을 못 해봐서 아쉽다고 했습니다. 과학자처럼 실험실에서 실험하는 자신의 모습을 상상했었나 봅니다.

실제로 3학년 1학기 마지막 단원인 '지구의 모습'은 다른 단원에 비해 학생들이 직접 만지고 경험하며 실험하는 차시가 별로 없습니다. 학생들이 흥미를 느낄 요소가 적다는 의미입니다. '우주'라는 주제는 학생들의 흥미를 느낄 만한 요소가 무궁무진하게 많은데 학생들이 재미없어한다는 것이 안타까웠습니다. 그래서 학생들이 흥미를 느낄 만한 특별한 수업을 준비했습니다.

우주 공간을 직접 경험해볼 수 있다면 가장 좋겠지만, 현실적으로 불가능합니다. 대신 간접적으로나마 VR 콘텐츠로 우주를 체험해보기로 했습니다. 우주 관련 단원은 직접 만져보거나 경험할 수 없어서 특히 VR 콘텐츠 요소 활용에 적합합니다. VR 콘텐츠를 경험하기 위해서는 특정 형식으로 만들어진 앱이나 동영상이 필요합니다. [실감형콘텐츠] 앱을 활용하면 지구와 달의 모습을 관찰해볼 수 있습니다. 실제 현실과는 차이가 나지만 학생들의 흥미를 돋우기에는 충분합니다.

6차시 '달은 어떤 모습일까?' 시간에 이 앱으로 수업을 해봤습니다. 각자의 휴대폰에 [실감형콘텐츠] 앱을 내려받게 하고 카드보드 또는 VR 장비를 장착했습니다. 구글 VR 카드보드의 경우 가격이 1천 원대로 저렴해서 학습준비물로 구매해도 부담이 적습니다. 다만 이때 주의해야 할 것이 몇 가지 있습니다.

첫째, VR 안경을 쓰면 앞이 보이지 않기 때문에 그것을 쓰고 많이 움직이거나 동작을 크게 하지 않도록 주의시켜야 합니다.

둘째, VR 콘텐츠 전용 안경을 오랫동안 쓰고 있는 것은 학생들의 시력 건강에 좋지 않으므로 과도한 몰입이나 장시간 사용을 자제해야 합니다.

수업 시작 후 [실감형콘텐츠] 앱의 활용법을 가르쳐주고 VR 콘텐츠의 주의사항을 전달하자 학생들은 기대에 부풀어 얼른 쓰고 싶어 했습니다. 직접 앱 조작 활동을 하자 여기저기서 감탄도 흘러나

왔습니다. 아마 직접 VR 안경을 쓰고 콘텐츠를 감상하는 경험은 처음이어서 더 그랬을 것입니다.

▶VR 안경을 쓰고 콘텐츠를 감상하는 모습

▶일반 스마트기기에서 보이는 장면

이 앱을 이용함으로써 학생들은 실험하는 것뿐만 아니라 관찰하고 탐구하는 것 또한 과학의 중요한 부분이라는 것을 깨닫게 됩니다. 가상이지만 직접 달의 표면을 관찰하고 우주를 관찰하면서 과학에 대한 관심을 한 번 더 유발할 수 있습니다.

7, 8차시에서는 앞서 배운 지구의 모습과 달의 모습을 떠올리며 지구와 달이 어떻게 다른지 비교해봅니다. 공기, 물, 온도 차이, 생명의 유무 등 여러 방면에서 다르다는 것을 알 수 있습니다. 둥근 공모형에 색점토를 붙여 지구와 달 모형을 만들어보면 색깔과 표면

이 다르다는 것도 한눈에 알 수 있습니다.

9, 10차시에서는 지구의 소중함을 알고 보존할 수 있는 일을 찾아봅니다. 앞서 달과 지구를 비교해보는 활동에서 아이들은 지구가 있기 때문에 우리가 이렇게 살아갈 수 있다는 사실을 공부합니다. 지구의 소중함을 알고 땅, 물, 공기를 보존하기 위한 다양한 방법을 떠올립니다. 교과서에 나온 만화, 병풍책 그리기로도 활동할 수 있지만, 교사가 지구의 날과 관련한 다양한 자료를 찾아 재미있는 만들기를 진행할 수 있습니다. 지구 그림을 주고 포스터 그리기, 삼각대 만들기 등의 자료를 인터넷에서 찾아 활용하는 것도 하나의 방법입니다.

01. AR 콘텐츠를 활용하기 위해 [실감형콘텐츠] 앱을 실행합니다.

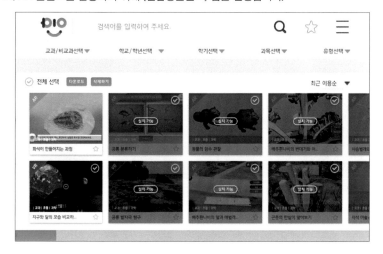

02. 교과-초등학교 3학년-1학기-과학-VR을 선택하여 '지구와 달의 모습 비교하기'를
다운로드 합니다.

03. **'지구와 달의 모습 비교하기'**를 눌러 콘텐츠를 실행합니다.

04. 3D모드와 VR모드를 선택할 수 있습니다. 3D모드는 스마트 기기 화면을 움직이거나 터치하여 사용할 수 있고, VR모드는 직접 장비를 착용하여 실감나게 체험할 수 있습니다.

05. VR 장비, 혹은 카드보드에 스마트기기를 장착하고 앱을 실행합니다. VR헤드셋을 착용하면 화면이 눈앞에 나타납니다.

고개를 돌려 **포인터(흰색 점)**를 움직일 수 있으며, 선택할 때는 원하는 곳에 포인터를 3초 이상 유지합니다.

06. 탐사를 시작하면 지구와 달의 모습이 나타납니다. **포인터(흰색 점)**를 지구 혹은 달에 갖다 대어 지구와 달의 모습을 관찰해 봅니다. 먼저 지구를 살펴보겠습니다.

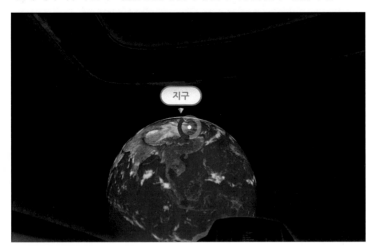

07. 지구의 바다, 육지, 하늘을 관찰할 수 있습니다. 원하는 장소에 **포인터(흰색 점)**를
    가져다 놓습니다.

08. 각 장소에 대한 설명을 들을 수 있습니다.

09. VR 고개를 돌려 해당 장소를 관찰하거나 **포인터**를 갖다 대어 다른 장소로 이동할 수 있습니다.

10. 관찰 후 헤드셋을 쓴 채 고개를 아래로 내리면 **뒤로** 돌아가서 다른 장소를 선택하거나 **처음으로** 돌아가서 지구와 달을 선택할 수 있습니다.

11. 06번과 같이 **포인터(흰색 점)**를 지구 혹은 달에 갖다 대어 지구와 달의 모습을 관찰해 봅니다. 이번에는 달을 살펴보겠습니다.

12. 달에서는 충돌구덩이, 바다, 하늘을 각각 살펴 볼 수 있습니다. 07~10번 설명의 지구와 마찬가지로 원하는 곳에 **포인터(흰색 점)**를 갖다 대면 그 장소로 이동하여 모습을 관찰할 수 있습니다.

지표의 변화

	사용 앱	[클래스팅]	QR코드
	기능	정보 및 과제를 공유할 수 있는 교육용 소셜 네트워크 앱	
	지원 OS	안드로이드, iOS	
	개발	Classting Inc.	

 성취기준

[4과04-01] 여러 장소의 흙을 관찰해 비교할 수 있다.

[4과04-02] 흙의 생성 과정을 모형으로 설명할 수 있다.

[4과04-03] 강과 바닷가 주변 지형의 특징을 흐르는 물과 바닷물의 작용과 관련지

을 수 있다.

차시 안내

[1차시] 흙 언덕 깃발 지키기

[2차시] 흙은 어떻게 만들어지는지 알아보기

[3~4차시] 운동장 흙과 화단 흙은 어떻게 다른지 알아보기

[5~6차시] 흐르는 물은 지표를 어떻게 변화시키는지 알아보기

[7차시] 강 주변의 모습 알아보기

[8차시] 바닷가 주변의 모습 알아보기

[9~10차시] 흙을 보존하기 위한 시설물 만들기

[11차시] 지표의 변화에서 배운 내용 정리하기

 **차시 활동**

스마트기기가 도입된 지 10년이 지나면서 학교도 많이 바뀌었습니다. 이전에는 학부모님과 교사 간의 대화 창구가 알림장이나 전화, 문자 정도였습니다. 가끔 특별한 일이 있을 때만 학부모님이 학교에 방문하곤 했습니다. 하지만 휴대전화가 일반화되고 스마트기기를 사용하면서 소통방식이 조금씩 달라졌습니다. 예전에는 학급 홈페이지를 운영하며 그곳에 알림장이나 전달 사항 등을 게시했었는데, 지금은 학부모님들과 간편하게 소통할 수 있는 다양한 수단이 만들어졌습니다.

예를 들어, 많은 선생님이 네이버에서 학급 밴드를 개설합니다. 학부모, 학생들과 알림장을 공유하고 학생들의 수업 활동 사진이나 동영상을 공유합니다. 선생님이 직접 만든 '학교종이'라는 앱도 있습니다. 매번 종이로 나가는 가정통신문을 줄이기 위해 앱으로 가정통신문이나 학교에서 전달할 사항을 게시합니다. '학교종이' 앱에는 학급별 페이지도 따로 제공해 간편하게 알림장과 활동 사진을 탑재할 수 있습니다.

이전에는 설문조사가 교사에게는 정말 귀찮은 업무 중 하나였습니다. 학부모나 학생을 대상으로 설문지를 배부하고 취합한 다음 한 장 한 장 헤아리며 통계를 내야 했기 때문입니다. 그런데 이제는 설문조사를 간단히 웹상에 올리고 문자나 QR코드로 제공해서 간편하게 조사하고 취합할 수 있습니다.

이렇게 학교 현장에서 평상시 사용되는 앱은 점점 늘어나고 있습니다. 그중에서도 꾸준히 사용되고 있는 것이 [클래스팅]이라는 앱입니다. 네이버 밴드나 학급 홈페이지, '학교종이' 등의 앱도 충분히 학교 수업에 도움이 되지만 [클래스팅] 앱은 한 학급을 운영하는 홈페이지로 사용하기에 탁월한 장점을 가졌습니다.

첫째, [클래스팅]은 스마트기기와 컴퓨터 양쪽에서 사용할 수 있으며 안드로이드와 iOS 모두 지원합니다.

둘째, 학생이 [클래스팅]에 가입할 때 이메일이나 휴대전화 번호만 있으면 14세 미만의 학생도 간단하게 가입할 수 있습니다.

셋째, 선생님이 초대 코드를 보내주거나 승인한 사용자만이 게시글을 볼 수 있습니다. 학생들의 개인정보가 중요시되는 요즘 더욱 중요하고 유용한 기능입니다.

넷째, 학급 앨범, 과제, 비밀상담방 등 학급 운영과 수업에 필요한 기능들이 적절히 탑재됐습니다. 특히 과제(러닝) 탭의 경우 과제마다 제출기한을 설정할 수 있으며 첨부파일을 추가해 과제에 대한 안내가 가능합니다.

3학년 2학기 '지표의 변화' 단원은 교실이나 학교 내에서 관찰하기보다는 야외에서 직접 관찰하는 것이 도움이 됩니다. [클래스팅]으로 단원을 학습하고 운영하면 다음과 같이 재구성해서 관찰할 수 있습니다. 운동장 흙과 화단 흙을 비교하는 3, 4차시의 활동에서는 먼저 교실에서 수업한 다음, 모둠별로 운동장에 나가 직접 운동장 흙과 화단 흙을 관찰·조사해 [클래스팅] 학급 과제 방에 올리도록 합니다. 학생들은 야외에 나가서 스마트기기로 운동장과 화단 흙 사진을 찍는 활동을 무척 기대했을 뿐만 아니라 실제로 나가서도 즐거워했습니다.

같은 방식으로 5, 6차시의 '흐르는 물에 의한 지표의 모습 관찰하기'도 이론 수업 후 흙 언덕에 물을 흘러보내며 동영상이나 사진을 찍어 [클래스팅] 과제 방에 탑재하도록 합니다. 흐르는 물에 의한 지표 모습의 변화를 관찰할 때 자칫 잘못하면 과학실 책상과 바닥이 흙투성이가 될 수 있으므로 실험 전에 흙을 친구에게 뿌리지 않기, 쟁반을 들고 돌아다니지 않기 등의 규칙을 먼저 안내하는 것이 좋습니다. 또한 실험 시 물과 흙이 쟁반 밖으로 튀어 나가지 않게 하기 위해 교실 내에서 준비물 등을 담는 데 사용하는 플라스틱 바구니를 쟁반 대신 사용하는 방법도 있습니다. 쟁반보다 바구니는 옆면의 높이가 높아 물과 흙이 덜 튀게 됩니다. 학생들에게 조심해서 물을 부어야 한다고 안내하더라도 학생들의 의도와는 다르게 물이 세게 부어져서 흙이 튀게 되는 경우가 제법 있습니다.

7, 8차시의 '강 주변, 바닷가 주변 모습 알기'는 직접 찍은 사진을 올리거나 인터넷에서 조사한 사진이나 내용을 [클래스팅] 과제방에 탑재하도록 합니다.

▶[클래스팅] 게시판에 학습한 내용에 대해 자기 생각을 정리해서 기록하는 모습

　과제를 이렇게 학급 홈페이지나 웹상에 올리면 어떤 점이 좋을까요? 학생들은 정선되지 않은 자료일지라도 친구들이 찍은 사진과 동영상에 많은 관심을 보입니다. 다른 친구들의 과제를 공유하면서 사고의 확장도 일어납니다. 댓글을 달면서 자연스레 서로 피드백해줄 수 있을 뿐만 아니라 일부러 지우지 않는 이상 두고두고 자료로도 활용할 수 있습니다.

　학급 홈페이지 같은 개념으로 사용할 수 있는 앱과 프로그램들은 [클래스팅] 이외에도 많이 있습니다. 클래스123이나 네이버 카페, 네이버 밴드, 다음 카페, 단체 메신저 대화방도 훌륭한 대안이 될 수 있습니다. 단, 이용 전 가상공간에서도 예의를 갖추고 네티켓을 지켜야 한다는 정보통신윤리교육은 필수입니다.

01. 회원가입 후 접속합니다. 선생님, 학생, 학부모 회원으로 구분됩니다.

02. 선생님의 경우 하단의 '**클래스**'를 누른 뒤 '**클래스를 시작하세요**' 버튼을 눌러 클래스를 생성합니다.
    학생의 경우, '**클래스를 찾아보세요**' 버튼을 눌러 우리 반 클래스를 검색해서 가입합니다.

03. 클래스에 입장한 뒤, 오른쪽 하단의 **연필 모양** 아이콘을 눌러 게시글을 작성할 수 있습니다.

04. 공개 대상을 정하고 사진, 동영상, 파일을 첨부할 수 있습니다. 공유하고 싶은 내용을 모두 작성한 뒤 오른쪽 위의 **'완료'** 버튼을 누르면 글쓰기가 완료됩니다.

05. 작성된 글에 댓글을 남겨 서로의 생각을 나눌 수 있습니다.

지층과 화석

	사용 앱	[실감형콘텐츠]	QR코드
	기능	교과 학습 내용을 중심으로 입체적인 학습을 할 수 있는 체험 활동을 소개함	
	지원 OS	안드로이드, iOS	
	개발	KERIS	

 성취기준

[4과06-01] 여러 가지 지층을 관찰하고 지층의 형성 과정을 모형으로 설명할 수 있다.

[4과06-02] 퇴적암을 알갱이의 크기에 따라 구분하고 퇴적암이 만들어지는 과정을 모형으로 설명할 수 있다.

[4과06-03] 화석의 생성 과정을 이해하고 화석을 관찰해 지구의 과거 생물과 환경을 추리할 수 있다.

차시 안내

[1차시] 화석 발굴하기

[2차시] 여러 가지 모양의 지층 관찰하기

[3차시] 지층이 만들어지는 원리 알아보기

[4차시] 지층을 이루고 있는 암석 관찰하기

[5차시] 퇴적암이 만들어지는 과정 알아보기

[6차시] 여러 가지 화석을 관찰하고 분류하기

[7차시] 화석이 만들어지는 원리 알아보기

[8차시] 화석이 어디에 이용되는지 알아보기

[9~10차시] 자연사 박물관 꾸미기

[11차시] 지층과 화석 정리하기

차시 활동

학생들을 지도하다 보면 한 분야에 전문가인 아이들이 있습니다. 지도 했던 학생 중에 공룡에 빠져 있는 아이가 있었습니다. 비슷비슷하게 생긴 공룡의 이름을 구분해서 외우는 것은 물론이고 공룡별로 살았던 시기, 습성 및 특징까지 곧잘 외웠습니다. 일기장에도 늘 공룡 이야기가 등장했고, 만화나 책도 공룡에 관한 책들 위주로 읽었습니다. 장래희망도 고고학자나 공룡학자같이 공룡과 관련된 꿈이었습니다. 이런 학생이 과학 수업에서 공룡과 관련된 내용이 나오면 눈빛이 달라지는 건 당연합니다. 이 학생은 학기 초부터 언제 화석과 관련된 내용을 배우는지 줄곧 물어봤습니다. '지층과 화석' 단원에 들어가자 매시간을 즐겁게 보냈을 뿐만 아니라 공룡과 직접 관련된 차시에서는 반 친구들에게 자신이 아는 내용이나 지식을 전달해주기도 했습니다.

4학년 '지층과 화석' 단원에서는 여러 가지 화석을 관찰하고, 화석이 어떻게 만들어지고 이용되는지 확인합니다. 2, 3차시에서는 여러 멀티미디어 자료 혹은 현장 체험학습을 통해 지층을 관찰하고, 어떻게 만들어지는지 원리를 알아봅니다. 교과서에 제시된 대로 흙과 모래를 쌓아 실험을 진행할 수도 있고, 원격수업으로 인해 학교 과학실 내에서 실험을 진행하기 어려울 때는 각 가정에서 식빵을 사용하여 모형을 만들어봄으로써 지층이 어떤 순서로 만들어지는지 공부해볼 수 있습니다. QR코드 혹은 사이언스레벨업 사이트에서 여러 가지 지층의 모습을 VR로 관찰할 수도 있습니다.

여러 가지 지층 VR
https://youtu.be/UspjjfPxAYY
상족암, 말도, 사도

4, 5차시에서는 지층을 이루고 있는 암석을 관찰해봅니다. 여러 종류의 퇴적암에 대해서 배우는데 우리가 흔히 아는 진흙, 모래, 자갈을 이암, 사암, 역암으로 표현합니다. 대부분의 학생이 아는 동요 〈돌과 물〉 노래를 활용해서 알갱이의 크기에 따라 돌을 분류하고 퇴적암을 익힐 수 있습니다.

〈돌과 물〉

바윗돌 깨뜨려 돌덩이

돌덩이 깨뜨려 돌멩이

돌멩이 깨뜨려 자갈돌

자갈돌 깨뜨려 모래알

랄라랄랄라 랄랄라

랄라랄랄라 랄랄라

초등학교 시절 노래를 할 때 율동을 같이하면 즐거웠던 것처럼 〈돌과 물〉 노래도 율동으로 함께 불렀습니다. 바윗돌을 표현할 때는 최대한 팔을 벌려 크게 원을 그리고 돌덩이는 그것보다 작게, 돌멩이는 좀 더 작게 표현하면서 학생들이 흥미를 느끼며 노래를 부르게 하였습니다. 이때 율동뿐만 아니라 목소리도 점점 줄여가면 훨씬 더 즐겁게 참여하는 학생들을 볼 수 있습니다. 그뿐만 아니라 시간이 남으면 '모래알 되기 게임'으로 퇴적암의 알갱이들을 재미있게 알아볼 수도 있습니다. '모래알 되기 게임'은 2학년 때 배우는 개구리 되기 게임과 비슷한 방식입니다. 먼저 모든 학생은 바윗돌로 시작합니다. 바윗돌 학생들은 서로 짝을 지어 가위바위보 게임을 하고 이긴 학생들은 돌덩이가 되고 진 학생들은 그대로 바윗돌 상태로 머뭅니다. 바윗돌은 바윗돌끼리 가위바위보를 하고 돌덩이들은 돌덩이끼리 가위바위보를 하여 돌멩이, 자갈돌, 최종적으로 모래알이 되는 게임입니다. 놀이를 통해 학생들은 바윗돌에서 모래알로 되는 과정을 배울 수 있습니다.

공룡이나 화석을 좋아하는 학생들에게는 단순한 관련 지식 암기에서 한발 더 나아가 조금 더 발전된 활동을 체험하게끔 해주고 싶었습니다. 이에 6, 8차시에서 화석에 대한 수업을 진행하며 [실감형 콘텐츠] 앱을 활용했습니다. 이 앱을 활용하면 실제 화석을 관찰하는 느낌이 들 뿐만 아니라 화석이 만들어지는 과정을 더욱 생생하게 관찰할 수 있습니다.

9, 10차시에서는 자연사 박물관을 꾸며서 배운 내용을 큐레이터

가 되어 소개해보기로 했습니다. 교실에서 간단하게 지층 전시실을 만들어 발표하는 방법도 있지만, 공룡과 화석을 좋아하는 학생들을 위해 프로젝트로 구성하여 수업을 진행했습니다.

프로젝트 수업은 일반 수업보다 시간이 배로 걸렸습니다. 먼저 어떤 공룡과 화석을 전시할지 선정하였습니다. 지금까지 배운 내용과 관련된 사진 자료를 조사하여 전시자료를 꾸미고, 공룡을 좋아하는 친구가 집에 있는 공룡 피규어와 공룡 화석 모형 등을 가져와 전시했습니다. 두 시간 동안 전시자료로 쓰일 각 화석에 대한 설명 자료를 만들었습니다. 그리고 화석을 발굴하는 공간을 꾸미는 등 과학 수업에서 배운 내용을 활용하여 전시 공간을 구성합니다.

국어 교과와 연계하여 반 구성원 모두가 큐레이터가 되어 발표 연습을 준비하였습니다. 모둠별로 자신의 전시장을 안내하기 위한 대본도 만들고 역할도 정하며 어떻게 전시장의 내용을 전달할지 연습도 하였습니다. 미술 교과와 연계해서는 다른 학년에서 올 수 있도록 초대장을 만들기도 하고 전시장 외부를 꾸미며 전시행사를 과학 교과로만 끝내는 것이 아니라 교과 통합의 영역으로 끌어들였습니다. 꾸민 전시장을 보러올 다른 학생들이 활동해볼 수 있도록 특별한 활동도 한가지 준비했습니다. 이전에 사용했던 스마트기기에 [실감형콘텐츠] 앱을 설치하여 준비하는 것이었습니다. 발표 당일 지금까지 배운 내용과 공룡과 관련된 모형, 다양한 공룡 화석에 대해 자세히 설명해주었습니다. 특히 저학년 남학생들이 아주 좋아 했습니다. 큐레이터의 설명을 들은 뒤 스마트기기와 AR마커를 활용하여 화석을 관찰하니 반응 역시 뜨거웠습니다.

▶AR마커를 활용하여 콘텐츠를 활용하는 ▶스마트기기에서 보이는 장면
모습

수업 시간과 자연사 박물관 활동에서 |실감형콘텐츠| 앱을 활용해
본 소감 중 공룡과 화석을 연구하는 과학자의 꿈을 갖게 되었다는
학생이 있었습니다. 이전에는 화석을 관찰하는 과학자에 대해 잘
몰랐는데 앱을 체험하면서 알게 된 것입니다. 초등학교 진로 교육
의 중요성과 필요성은 수시로 강조됩니다. 교육과정에서 다수의 직
업을 직접 체험하고 탐구해보는 시간을 가지면 가장 좋은 진로 교
육이 될 것입니다. 갖가지 직업들에 대해 가상으로나마 체험해보는
양질의 VR·AR 앱을 제공한다면 좀 더 진지한 진로 탐색의 기회를
가질 수 있을 것입니다.

01. AR 콘텐츠를 활용하기 위해 [실감형콘텐츠] 앱을 실행합니다.

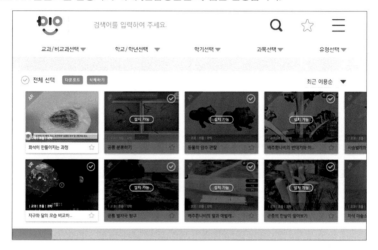

02. 교과-초등학교 4학년-1학기-과학-AR을 선택하여 '화석이 만들어지는 과정'을 다
운로드 합니다.

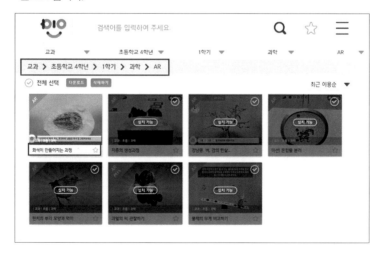

03. **'화석이 만들어지는 과정'**을 눌러 콘텐츠를 실행합니다. 콘텐츠를 실행하기 전 **AR마커**를 눌러 화면을 준비합니다.

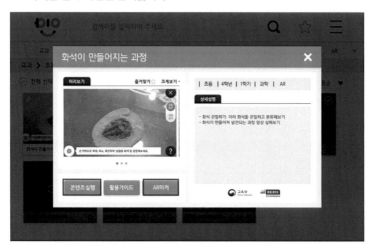

04. **'AR마커'**를 누르면 다음과 같이 마커를 확인할 수 있습니다.

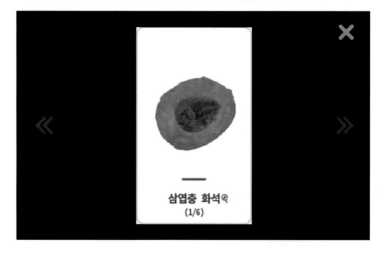

05. AR마커를 인쇄하여 활용하기 위해 인터넷 에듀넷 티 클리어(www.edunet.net)에 접속합니다.

06. 메뉴-수업-디지털교과서-실감형콘텐츠-AR마커다운로드-초등과학을 누릅니다.

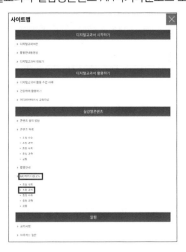

07. 4학년-화석이 만들어지는 과정-AR마커 설치 아이콘을 클릭하여 AR마커를 인쇄할 수 있습니다.

08. 03번 실감형 콘텐츠 앱에서 콘텐츠실행을 누르면 다음과 같은 화면으로 진행됩니다.

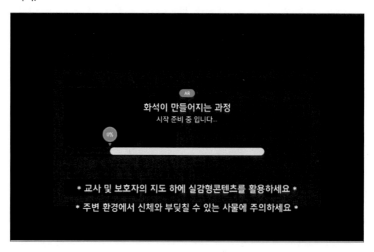

09. AR 마커를 스캔해서 화석을 관찰할 수 있습니다. 오른쪽의 여러 기능을 눌러서 다양하게 앱을 활용할 수 있습니다.

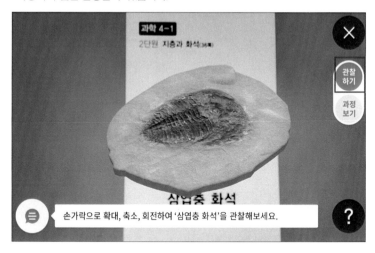

10. **'과정보기'**를 누르면 화석이 만들어지는 과정을 차례대로 관찰할 수 있습니다.

화산과 지진

	사용 앱	[서커스AR]	QR코드
	기능	마커를 스캔해 인식하면 콘텐츠를 AR로 즐길 수 있음	
	지원 OS	안드로이드, iOS	
	개발	circuscompany Co., Ltd.	

 성취기준

[4과11-01] 화산 활동으로 나오는 여러 가지 물질을 설명할 수 있다.

[4과11-02] 화성암의 생성 과정을 이해하고 화강암과 현무암의 특징을 비교할 수 있다.

[4과11-03] 화산 활동이 우리 생활에 미치는 영향을 발표할 수 있다.

[4과11-04] 지진 발생의 원인을 이해하고 지진이 났을 때 안전하게 대처하는 방법을 토의할 수 있다.

 **차시 안내**

[1차시] 화산 활동과 지진 표현하기

[2차시] 화산이란 무엇인지 알아보기

[3차시] 화산 활동으로 나오는 물질에는 어떤 것들이 있는지 알아보기

[4차시] 현무암과 화강암의 특징 알아보기

[5차시] 화산 활동은 우리 생활에 주는 영향에 대해 알아보기

[6차시] 지진이 발생하는 까닭이 무엇인지 알아보기

[7차시] 최근 발생한 지진 피해 사례에 대해 알아보기

[8차시] 지진이 발생하면 어떻게 해야 하는지 알아보기

[9~10차시] 지진에 안전한 건물 모형 만들기

[11차시] 화산과 지진에서 배운 내용 정리하기

 **차시 활동**

화산, 지진은 학생들에게 두려움보다 호기심의 대상입니다. '화산의 용암은 얼마나 뜨거울까?', '지진이 난다면 우리 몸은 어떻게 떨릴까?' 같은 궁금증 때문입니다. 실제로 학교 수업 중에 약한 지진이 감지되었을 때 두려워하기보다 처음 접해봤다는 느낌으로 신기해하는 학생들이 더 많았습니다. 과학 체험관을 방문해서 지진 체험 부스가 있다면 너도나도 한번 들어가 보려고 줄을 서서 기다리기도 합니다.

4학년 2학기 4단원 '화산과 지진'은 학생들의 이러한 호기심을 과학적으로 밝혀내는 단원입니다. 지진과 화산 활동이 일어나는 원인과 지진, 화산 활동으로 인한 피해를 살펴봄으로써 자연재해에 대한 호기심을 채워줄 뿐만 아니라 주의 및 경계심도 갖도록 합니다. 화산에 대해 좀 더 생생한 관찰 및 특징 정리를 위해 [서커스AR] 앱의 〈부글부글 화산분출〉 콘텐츠를 사용했습니다. 이 앱은 차시별로 사용할 수 있는 콘텐츠를 포함해 화산과 지진 수업에 효과적입니다.

2차시에서는 화산의 외형을 관찰합니다. 해당 앱은 화산을 AR콘텐츠로 제공합니다. 휴대전화나 스마트패드를 조작해 가상의 화산을 확대, 축소할 수 있습니다. 사방으로 돌아가며 화산 주위를 관찰할 수도 있습니다. 자율적으로 화산을 살펴봄으로써 정형화된 암기에서 벗어난 자기주도적인 학습이 이루어집니다. 학생들은 만화영화에서 본 모습을 떠올리며 화산을 무척 흥미롭게 관찰합니다. 우리나라에도 화산이 있다고 알려주면 무척 신기해합니다. 한라산, 백두산, 울릉도의 화산 지형에 관해 이야기할 때 이곳을 방문해본 적 있는 학생들은 신나게 자기 경험을 발표합니다.

3차시는 화산 활동으로 생기는 부산물을 알아보는 차시인데, 화산 폭발 장면은 시뮬레이션으로 구현할 수 있습니다. 화산가스, 분화구, 현무암, 마그마 등 화산에서 나오는 부산물들의 특징을 탐색합니다. [서커스AR] 앱의 〈포포연구실〉 콘텐츠에서는 마시멜로와 알루미늄 포일을 활용한 화산분출 모형실험도 제시해 학생들이 실험 전이나 후에 이용할 수 있습니다.

4차시의 현무암과 화강암 관찰하기에서는 화산의 분출물과 더불어 현무암과 화강암이 생성되는 조건과 특징을 알아봅니다. 앱을 활용하여 현무암이 많은 화산지형인 제주도를 탐색합니다. 단순히 사진이나 동영상으로 관찰하는 것이 아니라 VR기능으로 자신이 보고 싶은 자연경관을 살펴볼 수 있습니다.

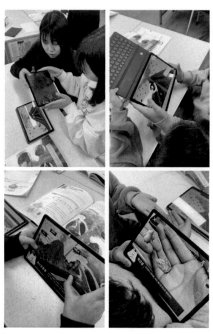

▶AR, VR 학습 자료로 화산에 관한 과학적 지식을 실감나게 탐구하는 모습

　[서커스AR(증강현실)] 앱은 이외에도 학생들이 흥미를 끌 만한 다양한 AR, VR 콘텐츠를 포함합니다. 심장의 구조를 AR로 구현하기도 하고, 창녕 우포늪의 경관을 VR로 제시하기도 합니다. 이 자료들은 휴대전화, 스마트패드에서 구현할 수 있으므로 다양한 수업에서 이용 가능합니다. AR을 구현하기 위한 마커들은 '사이언스레벨업' 사이트(https://sciencelevelup.kofac.re.kr)에서 내려받을 수 있으며, 초등용 수업지도안과 중등용 수업지도안도 함께 탑재돼 실제 수업에서 활용도가 높을 듯합니다.

　5차시는 화산의 영향을 알아보는 차시입니다. 폼페이에 관해 이야기해주며 사진을 보여주고, 하와이나 일본의 화산 폭발 동영상도 보여주면서 화산의 영향에 대해 생각할 시간을 갖습니다. 이 차시는 모둠에서 함께 내용을 조사하게끔 구성할 수 있습니다. [구글 문서]로 동시에 문서를 작성할 수도 있고 [클래스팅], 밴드 같은 소통창구를 이용하여 조사한 내용을 공유할 수 있습니다. 학생들은 화산활동의 이점과 피해, 화산활동을 이용한 산업 등을 조사하여 실험관찰의 내용을 작성하고 공유합니다.

6차시부터는 지진에 대해서 배웁니다. 학생들은 매년 하는 지진대피 훈련이나 안전교육을 통해서 지진이 무엇인지, 발생했을 시 대처요령은 어떻게 되는지에 대해서는 잘 알고 있습니다. 그러나 지진이 일어나는 이유는 대다수의 학생이 자세히 알지 못합니다. 지진 발생 모형실험이나 동영상 등을 통해서 실제 지진은 지구 내부의 힘으로 일어난다는 사실을 이해할 수 있도록 짚어줄 필요가 있습니다.

7차시 활동에서는 최근에 일어난 지진 사례에 대해서 알아봅니다. 학생들이 직접 겪은 지진을 떠올리며 조사하고 발표합니다. 이때 침대에서 흔들림을 느꼈다거나 부엌의 접시가 떨어졌다는 등 다양한 이야기가 나옵니다. 스마트기기로 당시 경험한 지진에 대해 조사해 봅니다. 학생들이 조사한 지진 중에 가장 흥미를 느낀 지진은 2017년 포항지진이었습니다. 이 단원을 배우는 시기가 거의 수능 때인데, 이 포항 지진으로 수능이 연기되었다니 아마 더 신기하고 심각하게 느꼈던 모양입니다. 그리고 규모 또한 5.4 강진으로 학교, 아파트 등이 파손된 뉴스 장면을 보면서 지진의 무서움과 심각성을 인식했습니다.

'우리 학교도 이렇게 부서지면 어떡하지?'

'며칠 후에는 우리도 수능 때문에 학교 쉬는데…'

조사를 하면서 이런 식의 대화도 이어가며 우리 생활에 지진이 끼치는 영향에 대해 자연스러운 과학적 의사소통 시간을 가졌습니다. 이렇게 지진이 일어난 시간, 위치, 규모를 찾아보고 내가 사는 지역에서 느낀 진도는 어느 정도인지, 당시의 피해에는 어떤 것이 있었는지 발표합니다. 지진은 우리 생활과 머나먼 이야기가 아니라는 것을 깨닫습니다.

01. https://sciencelevelup.kofac.re.kr에 접속한 뒤, 오른쪽 위의 **메뉴**를 누릅니다.

02. 여러 메뉴 중 AR·VR 메뉴 안의 **증강현실AR**을 누릅니다.

03. 화살표를 눌러 메뉴를 열고 **'와그작 사이언스'**를 찾아 누릅니다.

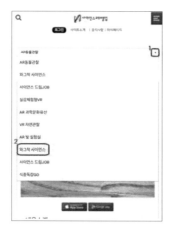

04. 화면을 아래로 내려 **'마커 다운로드'**를 눌러 AR 마커를 내려받습니다.

05. 내려받은 마커 중 아래의 그림 같은 **'부글부글 화산분출'** 마커를 [서커스AR] 앱
으로 스캔합니다.

06. [서커스 AR] 앱을 실행해 마커를 스캔하면 AR 화면이 나옵니다. 재생되는 설명
을 잘 듣고 **상단의 메뉴**를 순서대로 눌러 활동을 진행합니다. 메뉴를 숨기고 싶
으면 상단 가장 오른쪽의 화살표를 누릅니다.

07. 오른쪽의 **'VR'** 버튼을 누르고 원하는 항목을 선택하면 VR로 관찰할 수 있습니다.

08. 항목을 고르면 Youtube에 업로드된 VR 콘텐츠로 이동합니다. Youtube 콘텐츠에서 VR 모드를 설정하고 카드보드 혹은 VR기기와 연결해 체험할 수 있습니다.

09. 상단 메뉴의 '1'과 '2' 아이콘을 눌러 학습을 할 수 있습니다. 화면에서 안내하는 대로 여러 부분을 눌러 각 항목에 대한 설명을 볼 수 있습니다. 오른쪽의 카메라 아이콘을 누르면 화면을 캡처할 수 있습니다.

10. **플라스크 아이콘**을 눌러 관련된 가상실험을 체험할 수 있습니다.

11. **전구** 아이콘을 눌러 배운 내용을 점검할 수 있습니다.

태양계와 별 Ⅰ

	사용 앱	[Solar 3D]	QR코드
	기능	태양계의 행성과 태양, 달, 명왕성을 3D로 관찰하고 각 행성에 대한 백과사전 정보를 볼 수 있음	
	지원 OS	안드로이드	
	개발	Dokon Jang	

 성취기준

[4과16-01] 지구와 관련된 자료를 조사해 모양과 표면의 모습을 설명할 수 있다.

[4과16-02] 육지와 비교해 바다의 특징을 설명할 수 있다.

[4과16-03] 지구 주위를 둘러싼 공기의 역할을 예를 들어 설명할 수 있다.

[4과16-04] 달을 조사해 모양, 표면, 환경을 이해하고 지구와 달을 비교할 수 있다.

[6과02-01] 태양이 지구의 에너지원임을 이해하고 태양계를 구성하는 태양과 행성을 조사할 수 있다.

차시 안내

 **차시 활동**

3학년 1학기 5단원 '지구의 모습'

우리는 지구가 둥글다는 것을 어떻게 알게 되었을까요? 이제는 너무나 당연한 상식이 되어 언제 어떻게 지구가 둥글다는 것을 알게 되었는지 잘 떠오르지 않습니다. 이 단원에서 배우는 "지구는 둥글다."라는 사실은 이미 3학년 학생들도 대부분 알고 있습니다. 유치원이나 학교생활을 하면서 자연스럽게 알게 되었을 것입니다. 이런 학생들에게 "애들아, 지구는 말이야. 사실 둥근 공 모양이야." 라고 말해도 그리스 시대의 철학자나 과학자들이 가졌던 궁금증만 큼 큰 반응을 불러일으키지는 못합니다. 이미 학생들이 당연한 듯 여기는 발문보다는 지구가 둥글지 않다고 여겼던 과거 사람들의 생각이 담긴 그림을 보면서 이야기 나누는 것이 수업 동기유발에 더욱 효과적일 것입니다.

예를 들어 인도인들은 '지구의 모양은 평평한 땅을 코끼리들이 떠받치고 있고, 그 코끼리들은 커다란 거북이 등껍질에 올라타 있다'라고 생각했습니다. 학생들은 그 그림들을 신기하게 보면서 자연스레 지구의 모양에 대해 궁금증을 가지게 됩니다. 여기서 더 나아가 옛날 사람들이 지구는 평면이라고 생각한 이유와 현재 지구의 모양이 둥근 공 모양이라는 것은 어떻게 알 수 있는지 사고하는 경험을 가질 수 있습니다.

'지구의 모습' 단원은 학생들의 생활과 관련된 것들을 먼저 배우게 됩니다. 이 단원을 마치면 학생들 대부분은 지구에 바다와 땅, 빙하가 있다는 것을 압니다. 지구나 달과 같은 행성이 둥근 모양이 아니라고 생각하는 학생들도 거의 없습니다. 하지만 실제로 지구와 달의 모습을 본 것은 아니므로 이런 지식을 피상적으로만 알고 있을 수도 있습니다. 실제로 학생들은 2차원 지도로 '구' 형태인 지구의 모습을 연상하기 어려워합니다. 앞서 이 단원에서 사용할 수 있는 앱으로 [달 탐사기지]를 소개했습니다. 이 앱이 지구가 아닌 달을 관찰할 수 있었다면 [Solar 3D] 앱은 지구의 모습을 살펴보면서 육지와 바다를 관찰하고 다른 행성까지 관찰하는 것이 가능합니다. 이 앱은 지구의 모습이나 달의 모습, 다양한 행성의 모습을 실제로 탐구할 기회를 제공합니다. 스마트폰으로 행성을 관찰하고 탐구하는 활동을 통해 학생들은 2차원인 화면에서 자연스럽게 3차원인 지구를 연상합니다. 화면 속 지구를 터치로 축소 또는 확대하면서 자세히 관찰할 수 있습니다.

[Solar 3D] 앱을 이용하는 단원과 차시별 사용법, 유의사항은 다음과 같습니다.

2, 3차시에서는 해당 앱의 기본 조작 방법과 지구에 관련된 자료를 관찰합니다. 2차시 '지구의 표면 모습 알기' 차시에서는 인터넷 검색으로 우리 주변이나 흔히 볼 수 없는 지구의 모습을 탐구합니다. 3차시에서는 [Solar 3D] 앱으로 지구의 육지와 바다의 분포를 살

펴보고 극지방과 적도는 어디인지 알아봅니다.

▶본 앱으로 지구에서의 육지와 바다의 분포를
쉽게 직관적으로 이해할 수 있다.

6차시에서는 달 표면의 모습을 관찰하고 지구와는 환경이 어떻게 다른지 확인하는 교구로서 [Solar 3D] 앱을 사용할 수 있습니다.

5학년 1학기 3단원 '태양계와 별'

우주와 관련된 단원은 실험으로 구현하기 어렵고 추상적으로 느꺼지는 부분이 많기 때문에 여러 스마트 학습 자료의 활용이 필요합니다. 멀티미디어 자료와 앱을 여럿 활용하면 평면적인 그림만 보는 것보다 단원 이해에 도움이 됩니다. 시간적, 공간적인 한계를 극복하는 데에도 멀티미디어 자료와 앱이 도움을 줍니다.

2차시에서는 태양이 지구의 에너지원임을 이해하고 우리에게 미치는 영향에 대해 학습합니다. 태양이 중요하다는 것은 알고 있지만 왜 중요한지 알지 못하는 학생들에게 여러 사례를 통해서 태양이 소중한 까닭을 알게 합니다. 처음부터 과학적 이유를 찾기보다는 교과서 속 그림을 보고 쉽게 알 수 있는 사실 또는 생활 속에서 찾을 수 있는 현상부터 말해보도록 합니다. 왜 태양이 중요할까요? 먼저 태양이 있기 때문에 우리는 볼 수 있습니다. "태양 빛이 물체에 반사되어 우리 눈에 빛이 들어온다."라고 말하기보다는 "밝은 낮에 야외에서 놀 수 있다.", "따뜻하게 지낼 수 있다.", "우리 집 지붕 위에 있는 태양광 발전기로 전기를 만들 수 있다.", "바닷물을 증발시켜 소금을 만들 수 있다.", "식물을 자라게 해준다."라는 식으로 교과서의 그림을 보면서 태양의 중요성을 찾아보도록 합니다. 처음에는 많은 내용을 찾지 못할 수도 있습니다. 하지만 교과서 그림이나 학생들의 생활에 관해 이야기하니 태양이 우리 생활에 끼치는 영향을 잘 말해주었습니다. 예를 들어 "빨래를 잘 마르게 해주었어요.", "제 얼굴을 까맣게 만들었어요." 등 일상 생활 속 태양의 역할과 중요성을 발견하고, 태양이 없어서는 안 된다는 것을 알게 되었습니다.

3차시에서는 태양계의 구성원을 알고 항성과 행성, 위성의 차이점을 확인합니다. 이때 항성 및 행성마다 크기와 모양이 각각 다르다는 사실을 확인할 수 있습니다.

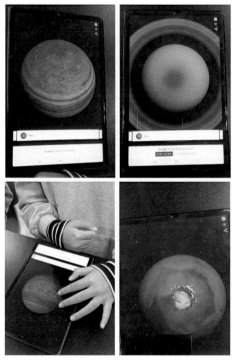

▶수업 중 태양계의 여러 행성의 모습과 특징을 확인하는 모습

[Solar 3D] 앱은 태양계에 속한 항성, 행성, 위성들을 설명하고 모양을 확인하는 앱입니다. 행성이 태양, 수성, 금성, 지구, 달, 화성, 목성, 토성, 천왕성, 해왕성의 순서로 배치돼 있어 자연스럽게 순서

를 확인할 수 있습니다. 행성을 여러 방향에서 살펴보고 확대해서 표면도 볼 수 있습니다. 이름을 클릭하면 백과사전과 연결되어 행성에 대한 정보도 확인할 수 있습니다. 이 앱 외에도 천체를 관찰하고 확인할 수 있는 앱은 많이 있으므로 교수학습 목적이나 학생들의 수준에 알맞은 앱을 이용할 수 있습니다.

　태양계의 행성에 대해서 앱을 활용하여 살펴본 뒤에는 행성의 크기를 비교하고 태양과 행성의 거리를 알아봅니다. 백과사전을 통해 실제 크기, 태양과 떨어진 거리를 확인할 수도 있지만, 너무 큰 수치라 학생들에게 와닿지 않을뿐더러 교육과정에서는 실제 크기나 거리 등의 물리량은 다루지 않습니다. 그러므로 교과서에 있는 행성 크기 비례모형이나 과학실에 구비된 태양계 모형을 활용하여 아이들이 상대적인 행성의 크기를 이해할 수 있도록 하고, 휴지를 활용하여 행성 간의 거리를 비교해봅니다. 확실히 이 활동으로 초등학생들은 가만히 앉아서 지식을 배우는 것보다 몸을 움직이며 학습하는 것이 좋은 수업 방법이라고 느꼈습니다. 지구와 태양의 거리를 휴지 1칸이라고 가정하게 되면 1칸 안에는 수성, 금성이 들어가게 됩니다. 이때까지만 해도 학생들은 별 어려움 없이 행성들을 배치합니다. 이후 목성은 휴지 칸이 5.2칸, 토성은 9.6칸 거리에 배치해야 합니다. 이쯤 되면 몇몇 모둠에서는 자신들이 첫 행성 배치를 잘못했다고 생각합니다. 왜냐하면 해왕성은 휴지가 30칸이 필요한데 교실 벽 가까이에서 시작한 모둠은 행성들을 일직선상에 놓지 못하기 때문입니다. 이때, 어떤 모둠은 교실 벽에 부딪히면 꺾

어서 행성들을 떨어진 거리만큼 배치하기도 하고, 또 다른 어떤 모둠은 자신들의 행성들을 복도로 옮겨 다시 배치하기도 했습니다. 휴지 몇 장으로 학생들은 행성 간의 거리를 상대적으로 인식하게 되었습니다. 인터넷에 떠도는 행성 간의 거리에 대한 영상도 충분히 학생들에게 흥미를 불러일으킬 수 있지만, 실제로 행성들을 배치해보는 활동은 행성 간의 거리를 직접적으로 조작하며 알 수 있는 즐거운 경험이 됩니다.

앱 활용하기

01. 태양계의 행성을 3D로 관찰해봅시다. 앱 실행 후 오른쪽 위의 'W' 아이콘 또는
아래의 **하얀 박스**를 누르면 백과사전으로 연결되어 정보를 확인할 수 있습니다.

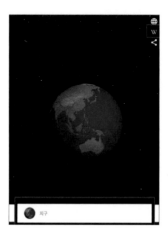

02. 스마트기기의 **뒤로 가기** 버튼을 눌러 3D 관찰화면으로 돌아갈 수 있습니다.

03. 손가락으로 행성을 눌러 돌리면 화면 속 행성이 회전합니다.

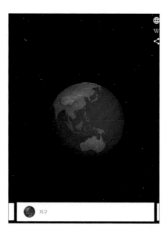

04. 두 손가락을 모아서 누른 뒤 벌리면 화면을 확대할 수 있습니다. 화면을 최대한
    확대해본 모습입니다.

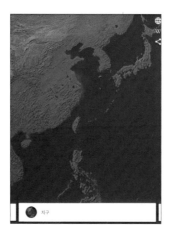

05. 두 손가락을 벌려서 누른 뒤 모으면 화면을 축소할 수 있습니다. 화면을 최대한 축소해본 모습입니다.

06. 행성을 눌러 회전시키면 좌우뿐만 아니라 위아래로도 움직여 행성의 북극과 남극을 볼 수 있습니다.

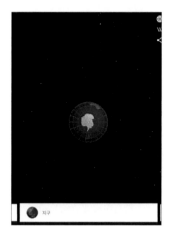

07. 다른 행성을 보고 싶을 때는 하단에 행성 이름이 적힌 하얀 상자를 옆으로 밀
어(스와이프) 넘깁니다.

08. 태양-수성-금성-지구-달-화성-목성-토성-천왕성-해왕성-명왕성 순서로 되어있
으며, 하단의 이름 부분을 옆으로 밀어 원하는 행성을 찾아 관찰할 수 있습니다.

(참고: 2006년 8월 24일부로 명왕성이 행성 지위를 상실했습니다.)

태양계와 별 Ⅱ

	사용 앱	[Star Walk 2]	QR코드
	기능	하늘에 있는 별을 실시간으로 관측할 수 있으며 다양한 별자리에 대해 알 수 있음	
	지원 OS	안드로이드, iOS	
	개발	Vito Technology	

 성취기준

[6과02-02] 별의 의미를 알고 대표 별자리를 조사할 수 있다.

[6과02-03] 북쪽 하늘의 별자리를 이용해 북극성을 찾을 수 있다.

차시 안내

[6차시] 별과 별자리 찾아보기

[7차시] 밤하늘에서 북극성 찾는 방법 알아보기

[8차시] 행성과 별의 다른 점 알아보기

[9~10차시] 우주 교실 꾸미기

[11차시] 태양계와 별 정리하기

 **차시 활동**

초등학교 고학년에 들어서면 과학 시간에 추상적인 관념을 이해해야 합니다. 그래서 온도와 열, 용해와 용액 등 눈에 보이지 않는 현상을 이해하고 관찰하는 내용을 배워나갑니다. 태양계와 별도 우리 눈에 보이긴 하지만 현실적으로 느끼기는 힘듭니다. 태양의 특징, 태양과 행성 사이의 거리, 크기 비교 등은 [Solar 3D] 앱으로 확인할 수 있지만, 6, 7차시부터는 하나의 행성에 대해서만 배우는 것이 아닙니다. 6차시는 별과 별자리, 7차시는 북극성을 알아보는데, 학생들이 정말 이해하기 어려워합니다. 단순히 북극성을 찾는 방법 외우기에 급급한 학생들도 많습니다.

학생들에게 가장 쉽게 별과 별자리에 관해 가르쳐주는 방법은 무엇일까요? 가장 좋은 방법은 가만히 누워 밤하늘을 바라보며 계절별 별자리를 직접 보면서 이야기하는 것입니다. 학생들은 별자리에 관한 이야기를 흥미로워하고, 계절별 별자리의 변화에 대해서도 궁금해하며, 이 과정에서 자연스레 별자리에 대한 이해도가 높아질 것입니다. 그렇지만 우리 수업은 태양이 쨍하게 떠 있는 한낮에 이뤄지기 때문에 불가능한 일입니다.

차선책으로 [Star Walk 2]라는 별자리 관찰 앱을 사용할 수 있습니다. 이 앱을 켜면 휴대폰에 있는 자이로센서와 날짜, GPS 센서 등을 활용해 현재 위치에서 볼 수 있는 별자리를 띄워줍니다. 각 별자리를 단순히 선으로만 이어놓지 않고 별자리마다 삽화를 넣어 직관적으로 이름을 알 수 있게 도와줍니다. 시간을 되돌리거나 빨리 감아 원하는 날짜의 별자리를 관찰할 수도 있습니다. 봄이나 여름에도 가을, 겨울의 별자리를 관찰할 수 있는 것입니다. 검색 기능도 제공하기 때문에 보고 싶은 별자리를 바로 찾을 수도 있습니다. 직접 날짜를 옮겨가며 보이지 않는 별자리를 찾는 수고를 덜 수 있습니다.

6차시에서 별과 별자리에 대해 기본적으로 이해했다면, 북쪽 밤하늘의 별자리를 관찰합니다. 해당 앱을 켜고 시간대를 밤으로 바꾸어 밤하늘에서 볼 수 있는 별자리를 관찰하는 것입니다. 이때 북쪽에서 북두칠성, 카시오페이아자리, 작은곰자리를 관찰할 수 있습니다.

▶계절별로 확인할 수 있는 여러 별자리를 앱으로 손쉽게 학습하는 모습

7차시에서는 북극성을 찾아봅니다. [Star Walk 2] 앱을 실행하면 기본적으로 북쪽 하늘을 비춥니다. 이때 폴라리스라고 표시된 별이 북극성입니다. 폴라리스를 기준으로 좌우 방향으로 스마트폰을 움직이면 작은곰자리와 카시오페이아자리를 확인할 수 있습니다. 북두칠성은 따로 나오지 않지만, 큰곰자리의 꼬리 부분이라고 힌트를 주면 학생들이 쉽게 찾을 수 있습니다.

별자리를 관찰하면서 계절별로 관찰할 수 있는 별자리가 다르다는 것을 자연스럽게 깨우치는 학생들도 있습니다.

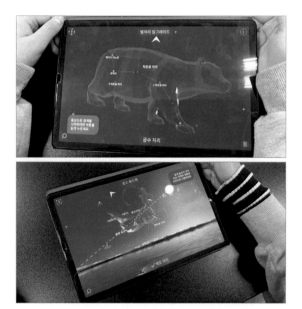

▶스마트기기를 움직이면 내장된 센서로 인해 사람이 움직이는 방향으로 별자리의 모습이 바뀐다.

해당 단원 이외에도 6학년 1학기 2단원 '지구와 달의 운동'에서도 [Star Walk 2] 앱을 사용할 수 있습니다. 날짜를 돌려 보면서 낮과 밤이 생기는 이유를 알 수 있고 계절에 따른 별자리가 달라지는 것을 확인할 수 있습니다. 'SKY Live' 메뉴로 달의 위상변화도 날짜별로 관찰할 수 있으므로 활용도가 높습니다.

01. 처음 앱을 실행하면 북쪽 하늘 별자리의 모습을 보여줍니다.

02. 화면을 눌러서 원하는 방향으로 바꾸고 확대, 축소하며 별자리를 탐색할 수 있습니다. 화면에 나타난 방위로 동서남북 어느 쪽의 별자리를 바라보는지 확인할 수 있습니다.

03. 왼쪽 위의 **나침반** 아이콘을 누르면 기기를 움직여 자신이 바라보는 방향에 있는 별자리를 관찰할 수 있습니다.

04. 나침반 기능으로 하늘을 보면 왼쪽 위에 공유하기 버튼이 활성화됩니다. **공유하기** 버튼을 누르면 화면 캡처 기능이 활성화됩니다. 버튼을 눌러 스크린샷을 갤러리에 저장하고, 원하는 SNS에 공유할 수도 있습니다.

05. 오른쪽 위의 **카메라** 아이콘을 누르면 AR 기능을 실행할 수 있습니다.

06. 스마트기기를 하늘을 향해 두면 하늘의 별과 포개져 화면으로 별자리를 확인할 수 있습니다.

07. 오른쪽 **시계** 아이콘을 누르면 시간을 조정해 시간의 경과에 따른 별자리의 변화를 관찰할 수 있습니다. 날짜, 시간 중 바꾸고 싶은 부분을 누르고 오른쪽에 있는 **슬라이더를 움직여 조절**합니다. 날짜와 시간의 흐름에 따라 변하는 별자리를 관찰할 수 있습니다.

08. 왼쪽 아래의 **돋보기** 아이콘을 눌러 별자리를 검색해 위치를 확인할 수 있습니다.

09. 찾고 싶은 별자리의 이름을 적고 검색하면 그 별자리의 위치로 화면이 바뀝니다.

10. 오른쪽 아래의 **메뉴** 버튼을 눌러 설정을 다양하게 변경할 수 있습니다.

11. 화면에 나타나는 별자리의 모습도 설정으로 선택할 수 있습니다.

12. 별자리 모습 설정에서 1번 효과는 별의 위치만 볼 수 있습니다.

13. 별자리 모습 설정에서 2번 효과는 별과 별자리 선을 볼 수 있습니다.

14. 별자리 모습 설정에서 3번 효과는 별과 별자리의 이미지를 볼 수 있습니다.

15. 별자리 모습 설정에서 4번 효과는 별과 별자리 선과 이미지를 모두 볼 수 있습니다.

16. 황도대가 보이게 설정한 뒤 황도 12궁의 별자리를 관찰할 수도 있습니다.

17. 주황색 선이 황도대이며, 날짜에 따라 황도 12궁 별자리의 위치가 달라짐을 관찰할 수 있습니다.

날씨와 우리 생활

	사용 앱	[건습구습도계 2]	QR코드
	기능	건구 온도와 습구 온도를 측정해 입력하면 현재 습도를 계산해서 알려줌	
	지원 OS	안드로이드	
	개발	sciencelove	

🫙 성취기준

[6과06-01] 습도를 측정하고 습도가 우리 생활에 영향을 주는 사례를 조사할 수 있다.

[6과06-02] 이슬, 안개, 구름의 공통점과 차이점을 이해하고 비와 눈이 내리는 과정을 설명할 수 있다.

[6과06-03] 저기압과 고기압이 무엇인지 알고 바람이 부는 이유를 설명할 수 있다.

[6과06-04] 계절별 날씨의 특징을 우리나라에 영향을 주는 공기의 성질과 관련지을 수 있다.

차시 안내

[1차시] 날씨와 우리 생활 만화 그리기

[2차시] 습도가 우리 생활에 미치는 영향 알아보기

[3차시] 이슬과 안개는 어떻게 만들어지는지 알아보기

[4차시] 구름, 비, 눈은 어떻게 만들어지는지 알아보기

[5차시] 고기압과 저기압에 대해 알아보기

[6차시] 지면과 수면의 온도가 하루 동안 어떻게 변하는지 알아보기

[7차시] 바람은 바닷가에서 낮과 밤에 어떻게 부는지 알아보기

[8차시] 우리나라 계절별 날씨 어떤지 알아보기

[9차시] 날씨가 우리 생활에 미치는 영향 알아보기

[10~11차시] 날씨와 관련된 생활용품 설계하기

[12차시] 날씨와 우리 생활 정리하기

 **차시 활동**

"오늘 날씨는 어떻습니까?"라는 물음에 답하거나 일기예보에 관해 이야기할 때 우리는 주로 기온을 이야기합니다. "기온이 높으므로 가벼운 옷차림이 좋겠습니다." 또는 "오늘은 기온이 영하 5℃까지 떨어져 매우 추우니 두꺼운 옷을 입어야겠습니다." 같이 기온 위주로 날씨를 전달합니다. 기온은 우리가 느끼기 쉬운 대표적인 날씨 요소이기 때문입니다.

온도와 더불어 우리 생활에 밀접한 영향을 끼치는 요소가 바로 '습도'지만, 온도와 비교해 직접 느끼거나 인식하기는 어렵습니다. 교과서에서는 '습도란 공기 중에 수증기가 포함된 정도'라고 설명하지만, 눈에 보이지 않는 공기나 수증기 같은 개념을 어린 학생들이 이해하기는 어렵습니다. 실제로 여름이 덥고 불쾌지수가 높은 이유를 물어보면 대부분 "온도가 높아서"라고 대답하지 "습도가 높아서 찝찝하다.", "습도가 높아서 땀이 마르지 않는다."라고 말하는 학생들은 거의 없습니다.

습도는 우리의 감정을 결정하는 중요한 기후 요소입니다. 한여름에 공기 중에 습도가 높아 땀이 마르지 않아서 찝찝했던 경험, 한겨울 실내에서 습도가 낮아 건조한 느낌을 받은 경험이 있을 것입니다. 건조한 대기 때문에 산불이 일어났다는 신문 기사도 매년 찾아볼 수 있습니다. 습도는 이렇게 일상생활에서 중요한 부분이지만, 학생들은 민감하게 느끼지 못하거나 인식하지 못합니다. 따라서 습도에 관해 수업할 때는 우리 생활 주변이나 학생들의 일상생활에서 습도와 관련된 이야기나 뉴스를 보여주며 수업에 들어가는 것이 효과적입니다.

5학년 2학기 3단원 '날씨와 우리 생활'에서는 우리가 일상생활에서 경험한 기상 현상과 날씨에 대해 이해하고 날씨와 관련된 실험과 이론을 제시합니다. 먼저 2차시부터 4차시까지는 수증기와 관련된 날씨 현상들을 제시해 우리 생활에 어떻게 나타나는지 알아봅니다.

2차시에서는 학생들이 건습구습도계로 습도를 측정합니다. 건습구습도계는 건구 온도와 습구 온도의 차이를 습도표로 습도를 측정합니다. 물이 증발할 때 습구온도계의 온도가 낮아져서 건구온도계와 온도 차이를 만들어냅니다. 자세한 건습구습도계의 측정 방법은 다음과 같습니다.

1. 온도계 2개를 준비해서 하나는 그냥 놓고, 또 다른 하나는 젖은 헝겊으로 두른다.
2. 그냥 놓인 온도계를 건구 온도계, 젖은 헝겊으로 싸인 온도계를 습구 온도계라고 한다.
3. 건구 온도계는 평상시 온도를, 습구 온도계는 헝겊의 물이 증발하면서 건구 온도계보다 낮은 온도를 나타낸다.

만약, 건조하다면 많은 물이 증발해 습구 온도계 온도는 더 많이 내려갈 것이고, 대기가 습하면 증발량이 적어 온도 차이도 적게 난다. 만일 이 두 온도계의 온도 차이를 습도표의 습도를 대응시키면 현재 습도를 알 수 있다.

건습구습도계는 다음의 주의사항에 유의해야 합니다.

> 1. 건습구습도계는 바람이 불지 않는 곳이나 공기의 흐름이 적은 곳에 설치한다. (바람이 많이 부는 곳에 설치하면 바람에 의해 증발량이 많아질 수 있다. 이러면 습구 온도계 온도가 더 낮은 온도를 가리키므로 습도 측정이 정확하게 되지 않는다.)
> 2. 온도가 너무 낮을 때는 정확한 습도를 측정하기 힘들다. (온도가 낮으면 증발이 잘 안 된다. 그러므로 건구 온도계와 습구 온도계가 별다른 차이를 보이지 않을 수 있고, 오히려 습구 온도계의 수증기가 얼어서 잘못된 습도 값을 보여줄 수도 있다.)

건습구습도계 사용법은 학생들에게 어려울 수 있습니다. 왜냐하면, 습도계는 이전까지 사용해왔던 온도계보다 더 복잡한 과정을 거쳐 습도를 측정하기 때문입니다. 특히 어려운 과정은 습도표를 읽는 과정입니다. 습도표를 읽는 방법은 다음과 같습니다.

> 1. 건구 온도에 해당하는 온도를 세로줄에서 찾아 표시한다.
> 2. 가로줄에 건구 온도와 습구 온도의 차를 구해 표시한다.
> 3. 표시한 두 곳이 만나는 지점을 찾아 습도를 찾는다.

이 과정은 학생들이 반복적으로 건습구습도계로 습도를 측정하도록 연습해야 합니다. 단순히 한두 번만 측정하면 금방 잊어버리기 쉽기 때문입니다. 이후에 학생들에게 전자 습도계 또는 [건습구습도계] 앱으로 습도를 측정하도록 합니다.

▶[건습구습도계2] 앱을 이용해 건구 온도와 습구
온도 측정값을 입력해 현재 습도를 구하는 모습

[건습구습도계2] 앱은 2차시 내용을 학습하는데 다양한 방법으로 활용될 수 있습니다. 첫 번째는 학생이 습도표를 보고 구한 습도가 제대로 구해졌는지 확인하는데 사용하는 것입니다. 학생들이 습도표를 읽는 방법을 연습할 때, 스스로 채점하거나 습도를 구하는 연습을 할 때 유용합니다. 두 번째로는 앱 내부에 있는 습도표를 참고자료로 사용할 수 있습니다. 세 번째 방법은 학생들에게 일상생활 속에서 습도를 측정하면서 과학을 생활화하게끔 만드는 것

입니다.

이 앱은 학생들이 습도표를 어느 정도 읽을 수 있을 때 제시하는 것이 좋습니다. 학습의 도입 부분에서부터 습도를 자동으로 계산해주는 편리한 앱이 제공된다면 습도계의 원리를 알고자 하는 마음이 약해지기 때문입니다. 수업 도입부에는 습도계를 직접 제시해 서로 다른 건구 온도계와 습구 온도계를 읽고 습도 구하는 방법을 스스로 생각해보게끔 해야 합니다.

3, 4차시에서는 이슬, 안개, 구름의 차이와 구름에서 비와 눈이 내리는 과정을 배웁니다. 3차시에서는 차가운 음료수가 든 컵을 보여주면서 이슬이 맺히는 원리를 설명해주면 우리가 알지 못했지만, 일상 속에서 이슬을 쉽게 경험하고 있었음을 알 수 있습니다. 이 외에도 안개가 많이 낀 날에 대한 뉴스를 보여주거나 아침이슬이 풀잎에 맺히는 현상을 보여줄 수도 있습니다.

4차시에서는 구름, 비, 눈이 어떻게 만들어지는지 배웁니다. 우리 일상에서 밀접하게 접하는 자연 현상의 원리에 대해서 배우는 덕에 학생들이 매우 흥미로워합니다. 구름 발생 실험 시에는 압축마개를 꽉 닫아 더 이상 압축이 불가능할 정도가 돼야 페트병 안이 뿌옇게 흐려집니다.

5차시부터 8차시까지는 공기의 이동과 관련된 날씨의 변화 및 특성을 이야기합니다. 5차시에서는 고기압과 저기압에 대해서 알고 바람이 부는 이유에 대해 배우는데, 이때 공기의 압력보다는 차가운 공기가 따뜻한 공기보다 더 무겁다는 식으로 무게와 연관 지어 소개합니다. 더욱 과학적인 표현은 공기의 압력과 연관 지어 소개하는 것이 맞으나 이처럼 소개하는 이유는 두 가지가 있습니다.

첫째로 공기의 압력과 관련된 내용은 6학년 과학 시간에 나오게 됩니다. 6학년 학생들은 주사기 구멍을 막고, 있는 힘껏 주사기를 누르면서 공기가 눌리는 것을 경험하면서 공기압에 대해 배우게 됩니다. 이때 학생들은 공기압에 대해 배우게 됩니다. 둘째는 앞선 이유와 연관된 내용입니다. 공기의 압력이라는 것이 눈에 보이지 않다 보니 학생들이 늘 경험하고 있는 '무게'의 개념을 가지고 옵니다. 또한 저기압과 고기압 사이에서 바람이 어떻게 부는지 수준의 내용만 다룹니다. 학생들에게 과학적 원리를 자세히 설명하는 것보다 어느 정도는 당연하다는 듯이 전달하고 현상을 잘 기억할 수 있는 방법을 생각하는 것이 효과적일 수 있습니다. 초등 수준을 넘어서는 과학적 이론은 설명하여도 잘 이해하기도 힘들 뿐만 아니라 과학에 대한 흥미가 떨어질 수 있기 때문입니다. 수업 내용을 더 잘 기억할 수 있도록 신체 활동도 할 수 있습니다. 고기압과 저기압에서 바람 부는 방향을 알기 위해서, 직접 저기압과 고기압이 된 다음 몸으로 바람의 방향을 향하도록 서 보는 놀이도 하나의 방법입니다. 마치 강강술래 놀이처럼 돌고 도는 활동은 학생들이 즐겁게 고기압과 저기압에서 바람이 불어나가고 불어 들어오는 방향을 알게 해주었습니다.

6차시에서는 지면과 수면의 온도가 어떻게 변화하는지 알아봅니다. 20분 동안 온도를 측정해야 하므로 시간 절약을 위해 미리 플라스틱 그릇에 모래와 물을 담고 전등을 설치해둡니다. 실험을 통해서 모래가 물보다 온도 변화가 크다는 것을 관찰할 수 있습니다. 학생들은 모래의 온도 변화가 더 큰 이유를 궁금해하는데, 이때는 비열 차이 때문이라고 언급해줍니다.

7차시에서는 바닷가에서 낮과 밤의 바람의 변화를 알기 위해 실험을 진행합니다. 투명한 상자 안에서 향 연기가 움직이는 것을 관찰합니다. 이때 모래와 물이 담긴 그릇 바로 윗부분의 연기를 관찰할 수 있도록 안내합니다. 실제로 우리가 느끼는 바람은 지면과 수면 근처의 바람이기 때문에 실험 장치에서 지면과 수면인 모래와 물이 담긴 그릇의 바로 위쪽의 움직임을 관찰하는 것입니다.

8차시 '우리나라 계절별 날씨를 알기'와 9차시 '날씨의 영향을 알기', 10, 11차시 '날씨와 관련된 생활용품 설계하기'에서는 비주얼씽킹을 활용하여 그림과 도형으로 내용을 정리하고 아이디어를 만들어갈 수 있습니다. 9차시에서 '날씨 지수 만들기'를 할 때 수업할 당시의 날씨가 더워서인지 추운 날씨를 잘 고려하지 않는 모습이 보였으므로 언급해주면 도움이 될 것입니다.

01. 건습구습도계를 설치한 뒤 측정한 값을 입력한 다음 **'습도계산'** 버튼을 누르면 습
도를 알 수 있습니다. **'습도표보기'**를 눌러 건구 온도와 습구 온도로 습도를 계산
하는 습도표를 볼 수 있습니다.

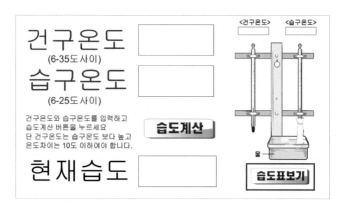

02. 습도표에서 건구 온도와 습도 온도의 차로 현재 습도를 구할 수 있습니다. 습도
를 계산해주는 화면으로 돌아가려면 **습도표 화면**을 누릅니다.

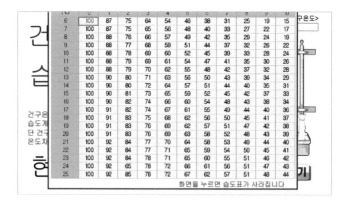

03. **건구온도 옆의 하얀 박스**를 눌러 관찰한 건구 온도를 입력합니다.

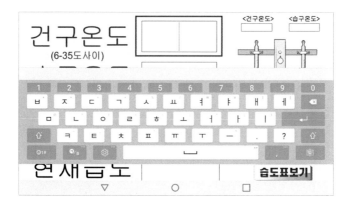

04. **습구온도 옆의 하얀 박스**를 눌러 관찰한 습구 온도를 입력합니다.

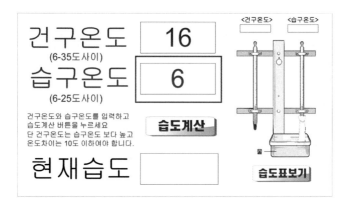

05. 화면 중앙의 **'습도계산'**을 누릅니다. 화면 아래에 나타난 수치를 보고 현재습도를 알 수 있습니다.

지구와 달의 운동

	사용 앱	[달의 위상]	QR코드
	기능	달의 위상 변화에 따른 정보를 알고 원하는 날짜의 달의 모습을 관찰할 수 있음	
	지원 OS	안드로이드	
	개발	M2Catalyst, LLC.	

 성취기준

[6과09-01] 하루 동안 태양과 달의 위치가 달라지는 것을 지구의 자전으로 설명할 수 있다.

[6과09-02] 계절에 따라 별자리가 달라진다는 것을 지구의 공전으로 설명할 수 있다.

[6과09-03] 달의 모양과 위치가 주기적으로 바뀌는 것을 관찰할 수 있다.

차시 안내

[1차시] 움직이는 지구와 달

[2차시] 지구의 자전이 무엇인지 알아보기

[3차시] 하루 동안 태양과 달의 위치는 어떻게 달라지는지 알아보기

[4차시] 낮과 밤이 생기는 까닭 알아보기

[5차시] 지구의 공전에 대해 알아보기

[6차시] 계절에 따라 보이는 별자리가 달라지는 까닭 알아보기

[7차시] 여러 날 동안 달의 모양이 어떻게 달라지는지 알아보기

[8차시] 여러 날 동안 달의 위치가 어떻게 달라지는지 알아보기

[9~10차시] 지구와 달의 운동 모형 만들기

[11차시] 지구와 달의 운동 정리하기

😃 차시 활동

3월에는 교육과정 설명회를 준비하느라 보통 퇴근이 늦습니다. 일과 이후 남아서 일하다 보면 해도 금방 집니다. 늦게 퇴근하는 날 저녁 동쪽 하늘을 바라보면 가끔 보름달이 뜨는 모습을 볼 수 있습니다. 보름달은 막 뜨기 시작하면 간혹 엄청 크게 보이기도 합니다. 그러다가 잠시만 눈을 돌리면 그 크기는 순식간에 작아지며 밤하늘 높은 곳에 올라갑니다.

우리는 달에 소원도 빌고, 달과 관련된 전래동화를 들으며 자라 왔습니다. 달은 모양에 따라 고유한 이름이 있습니다. 보름달, 그믐달, 초승달, 반달 등 어렸을 적부터 익숙히 들어와서 듣기만 해도 쉽게 모양을 상상하거나 떠올릴 수 있습니다. 동양에는 서양에 없는 음력이란 개념이 있으며 달의 위상변화에 따라 농사를 짓는 데 많은 도움을 받기도 합니다. 이렇게 달은 예전부터 우리 생활과 밀접한 관계를 맺어 왔습니다.

교육과정에서 저학년은 주로 이야기나 동시같이 문학적 요소로 달을 만납니다. 이후 사회 교과에서 세시풍속 관련 같은 내용으로 달을 다루고, 고학년에서는 과학 과목에서 달을 만날 수 있습니다. 그중 6학년 1학기 '지구와 달의 운동' 단원은 하루 동안 달라지는 해와 달의 위치와 여러 날 동안 달의 모양이 어떻게 달라지는지 관찰합니다. 이후에 같은 시간, 같은 하늘에서 여러 날 동안 달의 위치 변화를 관찰하는 차시가 나옵니다.

성취기준을 달성하기 위해서는 학생들이 실제로 며칠 동안 밤하늘을 바라보며 달의 변화를 관찰하는 경험을 갖는 것이 가장 좋습니다. 이를 통해 자연스럽게 달의 모양 및 위치 변화를 익힐 수 있지만, 요즘에는 달을 바라보는 시간을 내기가 힘듭니다. 높은 건물에 달이 가려져 달이 잘 보이지 않는 경우도 많습니다. "매일 달을 관찰하고 달이 어떻게 변화하는지 기록해라."라는 과제는 학생뿐만 아니라 학부모와 교사에게도 부담이 됩니다. [달의 위상] 앱을 활용하면 이러한 부담 없이 달의 위상변화를 관찰할 수 있습니다. [달의 위상] 앱에는 다음과 같은 주요 기능이 있습니다.

---

1. 날이 지남에 따라 달의 모양이 변하는 모습을 직관적으로 관찰할 수 있게 되어 있다. 큰 달의 모양을 좌, 우로 터치하면 날짜가 변한다.
2. 메인화면의 날짜와 시간을 터치하면 한 달 동안 달의 모양이 점차 어떻게 변화하는지 확인할 수 있다.
3. 달의 모양에 따라 뜨는 시간과 지는 시간을 표시해 월출, 월몰 시간을 확인할 수 있다.
4. 먼 미래나 과거의 달의 모양도 관찰할 수 있다. 미래의 달의 모습을 상상해보고 관련된 내용을 생각해보는 경험으로 학생들은 과학적 상상력을 키울 수 있을 것이다.

이 단원에서는 태양, 달, 별자리의 위치, 달의 모양이 달라지는 것이 지구의 자전과 공전 때문이라는 것을 배웁니다. 아이들이 위치 변화를 헷갈리기도 하는데, 동서남북 방위의 개념이 제대로 잡혀

있지 않은 탓입니다. 관측자를 기준으로 북쪽을 바라보고 있을 땐 오른쪽이 동쪽, 왼쪽이 서쪽이고 남쪽을 바라보고 있을 땐 왼쪽이 동쪽, 오른쪽이 서쪽이라는 것을 알려주고 수업을 진행하면 한층 이해가 수월합니다. 교과서 속의 관측자는 남쪽을 바라보고 있습니다. 이를 기억하고 왼쪽이 동쪽, 오른쪽이 서쪽이라는 것을 기억합니다. 2차시 지구의 자전을 수업할 때는 학생 자신이 직접 지구가 되어 자전, 서쪽에서 동쪽으로 돌기를 해봅니다. 물건 하나를 태양이라고 두고 내가 돌 때 그 물건은 어느 방향으로 움직이는 것처럼 보이는지 관찰합니다. 해는 왼쪽에서 오른쪽, 즉 동쪽에서 서쪽으로 움직이는 것처럼 보인다는 것을 관찰할 수 있을 것입니다.

3차시에서 하루 동안 태양과 달의 위치가 어떻게 바뀌는지 알아볼 때는 스텔라리움 사이트를 활용할 수 있습니다. 시간에 따라 하루 동안 태양과 달의 위치가 어떻게 바뀌는지 관찰할 수 있습니다.

4차시에서는 낮과 밤이 생기는 이유에 대해서 배웁니다. 태양이 뜨고 지는 것을 기준으로 낮과 밤이 결정된다는 것을 알고 전구와 지구본을 활용하여 낮과 밤이 생기는 이유를 관찰합니다.

5차시에서는 지구의 공전 방향과 주기를 알고 공전에 의한 현상을 이해합니다. 지구의 공전에 의해 계절의 변화가 생기고 계절별로 별자리가 달라지는 것을 알게 됩니다. 이 차시에서 추가로 천동설과 지동설에 대해 소개할 수도 있습니다.

6차시에서는 계절별 별자리를 관찰해보게 되는데 앞에서 소개한 [Star Walk 2] 앱을 활용하면 좀 더 재미있는 수업을 진행할 수 있습니다. 직접 별자리를 관찰해보고 날짜와 계절에 따라 달라지는 별자리를 볼 수 있습니다. 학생들이 흥미를 느낄 수 있게 별자리에 관한 신화나 생일별 별자리에 대해서 알려주기도 합니다.

7차시에서는 여러 날 동안 달의 모양을 관찰하도록 합니다. 초승달, 상현달, 보름달, 하현달, 그믐달의 이름을 알아봅니다. 음력 날짜에 따라 달의 모양이 어떻게 변화하는지 [달의 위상] 앱을 조작하면서 관찰하고, 달 모양이 변화하는 순서를 자연스럽게 이해할 수 있습니다. 오늘 밤에 뜰 달이나 어젯밤에 뜬 달의 모양은 어떠했는지 알아보는 활동으로 학생들의 흥미를 유발할 수 있습니다.

▶초승달, 상현달, 보름달, 하현달, 그믐달에 따른
달의 모습과 특징을 [달의 위상] 앱으로 학습하는 모습

8차시에서는 여러 날 동안 달의 위치 변화를 관찰합니다. 매일 저녁 특정 시간을 기다리지 않아도 [달의 위상] 앱으로 한꺼번에 여러 날 동안 특정 시간의 달이 어느 하늘에 위치하는지 확인합니다. 해가 진 직후 초승달은 서쪽, 상현달은 남쪽, 보름달은 동쪽 하늘에서 보입니다. 관찰 결과, 날이 갈수록 달의 위치가 서쪽에서 동쪽으로 옮겨간다는 것을 알 수 있습니다.

01. 메인화면에서 오늘 볼 수 있는 달의 모습과 달이 뜨고 지는 시각을 확인할 수 있습니다.

02. 메인화면에 있는 **날짜와 달력** 아이콘을 누르면 한 달 동안 변하는 달의 모습(위상)을 볼 수 있습니다.

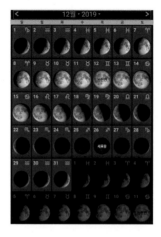

03. 손가락으로 화면을 눌러 양옆으로 넘기면서 다른 날짜와 시간의 달의 모습을 볼 수 있습니다. 넘기는 속도에 따라 월 단위, 일 단위로 시간을 바꿀 수 있습니다. 화면을 옆으로 넘기면 달력 아이콘이 돌아가기 버튼으로 바뀝니다. **돌아가기 버튼**을 눌러 현재 날짜로 돌아갈 수 있습니다.

04. 오른쪽 아래의 **메뉴 버튼**을 누르면 여러 기능을 사용할 수 있습니다.

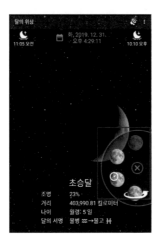

05. 메뉴에서 '**삭**'을 누르면 현재 날짜에서 가장 가까운 미래에 볼 수 있는 '삭'의 모습을 보여줍니다.

06. 메뉴에서 '**망**'을 누르면 현재 날짜에서 가장 가까운 미래에 볼 수 있는 '망'의 모습을 보여줍니다.

07. 메뉴에서 **나침반과 달이 함께 있는 버튼**을 누르면 내가 있는 위치에서 달이 어느
쪽으로 보이는지 3D로 확인할 수 있습니다.

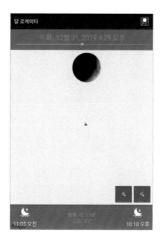

8. 메뉴에서 '**달의 위상변화**'를 누르면 시간의 흐름에 따라 달의 위상이 어떻게 변하
는지 볼 수 있습니다.

생명

3학년 1학기 3단원

동물의 한살이

	사용 앱	[국가생물종지식정보시스템]	QR코드
Nature 국가생물종지식정보시스템	기능	식물, 동물 등이 정보를 쉽고 빠르게 검색할 수 있는 모바일 웹사이트로 식물, 동물 기르기에 대한 정보도 얻을 수 있음	
	지원 OS	웹사이트	
	개발	국립수목원	

 성취기준

[4과10-01] 동물의 암·수에 따른 특징을 동물별로 비교해보고, 번식 과정에서 암·수의 역할이 다양함을 설명할 수 있다.

[4과10-02] 동물의 한살이 관찰 계획을 세우고, 동물을 기르면서 한살이를 관찰하며, 관찰한 내용을 글과 그림으로 표현할 수 있다.

[4과10-03] 여러 가지 동물의 한살이 과정을 조사해 동물에 따라 한살이의 유형이
다양함을 설명할 수 있다.

 차시 안내

[1차시] 신비한 알에서 나올 동물 상상하기

[2차시] 동물의 암수 구별과 역할 알기

[3차시] 배추흰나비 기르기 위한 준비하기

[4차시] 배추흰나비알과 애벌레 관찰하기

[5차시] 배추흰나비 번데기와 어른벌레 관찰하기

[6차시] 여러 가지 곤충의 한살이 특징 알기

[7차시] 알을 낳는 동물의 한살이 알기

[8차시] 새끼를 낳는 동물의 한살이 알기

[9~10차시] 여러 가지 동물의 한살이 만화로 표현하기

[11차시] 동물의 한살이 정리하기

 **차시 활동**

"평소 좋아하는 동물이 있나요?"라고 물으면 학생들은 신이 나서 강아지, 고양이는 물론이고 도마뱀, 달팽이, 사슴벌레에 이르기까지 정말 다양한 동물들을 말합니다. 이야기한 동물의 사진을 찾아보라고 하면 마치 당장이라도 키울 것처럼 열심히 찾는 아이들의 모습을 볼 수 있습니다. 어른이 되면 꼭 자기 집에 사막여우를 키우겠다고 하거나 수영장에 돌고래를 키우겠다는 학생도 있습니다. 이처럼 학생들은 '생명'에 호기심과 관심을 두고 있습니다. 특히 TV나 학습지에서 사진이나 영상을 본 적 있더라도 직접 두 눈으로 병아리의 부화 장면이나 곤충의 알에서 애벌레가 태어나는 장면을 보는 것은 다릅니다. 그래서 그런지 배추흰나비를 부화시키는 3학년 1학기 3단원 동물의 한살이는 학생들이 무척 기대하는 단원입니다. 이 단원이 시작할 때쯤 각 학교에서 배추흰나비알을 구하기 위해 많은 주문을 넣다 보니 택배 배송이 평소보다 오래 걸릴 수 있습니다. 단원을 재구성하여 미리 수업하자니 너무 이른 시기에는 배추흰나비알이 없어 아예 주문이 불가능하고, 늦게 수업하면 배추흰나비알이 품절이 되어 다시 나비들이 알을 낳을 때까지 기다려야 하므로 적절한 시기에 주문하는 것이 좋습니다. 보통 주문을 하면 케일 화분이 같이 배송 오는데 애벌레들이 생각보다 먹성이 좋아서 애벌레가 번데기가 될 때는 케일 잎이 앙상해지기도 합니

다. 이럴 때는 같은 케일 잎이나 상춧잎과 같은 것들을 넣어주도록 합니다.

동물의 한살이 단원에 들어가면 학생들은 첫 수업 시간부터 배추흰나비 기르기를 기대하지만, 사실 1차시에서는 알에서 나올 동물을 상상하며 그림을 그려보는 활동을 합니다. 학생들은 직접 그린 그림으로 자기 생각을 발표하는데, 미술 수준에 따라 식별 가능한 동물 그림이 나오지 않을 때도 있고, 알아보기 쉬운 동물 그림이 나오기도 합니다. 무슨 그림이 나오든 교사의 피드백은 칭찬과 격려여야 합니다. 설령 알에서 새끼를 낳는 동물이 나온다고 상상하더라도 지지해주어야 합니다. 3학년 1학기 과학 교사용 지도서에서도 지도상의 유의점으로 강조하는 지점입니다. 동물의 한살이에 대한 아이의 흥미와 호기심을 격려하고 북돋아 주는 것이 더 중요한 차시이기 때문입니다.

2차시에서는 동물의 암수에 따라 생김새와 하는 일이 어떻게 다른지 알아봅니다. 학습에 필요한 준비물은 여러 동물의 사진, 동물 도감, 백과사전, 스마트기기인데, 보통 학교 현장에서는 기술적인 환경이 갖춰지지 않아 스마트기기 없이 수업을 진행하곤 합니다. 학생들이 교과서에 없는 동물의 성별이나 생김새와 역할 차이, 암수 구분법 등을 질문할 때도 있습니다. 선생님 입장에서는 바로 대답해주기 곤란한 경우가 더러 있습니다. 이럴 때 학생들과 함께 찾아보거나 탐구하거나 선생님도 한번 찾아보고 알려줄게 하는 식으로 대응할 수밖에 없습니다. 위와 같은 상황을 방지하고 학생들이 자기 주도적 탐구를 할 수 있도록 안내된 탐구를 제시할 필요가 있습니다. 여기서 안내된 탐구란 날 것의 자료를 학생들에게 바로 제시하는 것이 아니라 어느 정도 제한된 자료나 정해진 범위에서 자율적으로 탐구가 일어나도록 교사가 의도성을 가지고 탐구를 제시하는 것을 말합니다.

"애벌레 만져봐도 돼요?"

"번데기도 만지고 싶어요."

"우리 다른 동물들도 교실에서 진짜 키워봐요!"

교실에 배추흰나비 사육 상자가 들어왔을 때 나올법한 아이들의 반응입니다.

3~5차시에서는 학생들이 단원 초기부터 기대하던 한살이 관찰 계획 세우기와 사육 상자 꾸미기에 들어갑니다. 학생들은 배추흰나비를 기르면서 관찰, 측정, 의사소통을 경험합니다. 교사의 지시나 역할분담이 없어도 누가 먼저라고 할 것도 없이 스스로 쉬는 시간이나 점심시간 사이사이에 배추흰나비 사육 상자 쪽으로 모여듭니다. 배추흰나비에 애칭을 붙여주기도 하고, 바람이나 햇빛 등 사육 환경에 이상은 없는지 세심하게 살핍니다. 조금이라도 달라진 점이 눈에 띄면 친구들끼리 공유하기도 합니다. 몇몇 학생은 주말이나 공휴일에도 학교에 나와 먹이를 주고 돌보고 싶다고도 합니다. 직접 보고 만지고 체험하는 것을 좋아하는 학생들의 본능적인 호기심과 탐구욕에 불이 붙은 듯합니다.

탐구과정이 수업 시간을 넘어 학교생활 틈틈이 진행되기 때문에 교사로서 어디까지 원활한 탐구를 돕는 자료를 제시해야 할지 고민스러웠습니다. 배추흰나비 사육 방법을 계획하고 환경을 구성할 때 교사로서 일방적으로 제시할지, 아니면 어느 정도 제한된 정보를 소개하여 학생들에게 선택권을 줄지 말입니다. 고민 끝에, 일방적인 정보보다는 어느 정도 제한된 정보를 소개하는 편이 학생들 스스로 추가적인 내용을 조사하면서 탐구과정을 확장해 나갈 수 있으리라 판단했습니다.

4차시에서는 배추흰나비의 알과 애벌레를 관찰하고 어떤 특징이 있는지 글과 그림으로 표현해봅니다. 차시에 딱 맞춰 배추흰나비의 알과 애벌레를 관찰하기는 힘들기에 배추흰나비의 한살이를 수시로 관찰하도록 하고, 알이나 애벌레는 소중히 대하도록 지도합니다. 사실 교사가 따로 지도하지 않더라도 아이들은 알아서 수시로 관찰하며 애정 어린 관심을 보이곤 합니다.

5차시에서는 애벌레의 다음 단계인 배추흰나비의 번데기와 어른벌레는 어떤 특징이 있는지 관찰하고 글과 그림으로 표현해봅니다. 이때에도 번데기와 어른벌레는 소중히 다루도록 하며 교실 환경에 따라 성장 속도의 차이가 있으므로 수시로 관찰하도록 지도합니다.

6차시에서는 여러 가지 곤충의 한살이 특징을 다룹니다. 배추흰나비 외에도 다양한 곤충의 한살이를 찾아보고 비교하여 공통점과 차이점을 알아보고, 완전 탈바꿈과 불완전 탈바꿈을 설명할 수 있게끔 하는 것이 이 차시의 학습 목표입니다. 학습준비물로 여전히 도감이나 스마트기기가 제시됩니다. 그런데 곤충도감으로는 다룰 수 있는 곤충이 아무래도 제한적이라 학생들의 호기심을 완전히 해결하기 어렵습니다. 그래서 스마트기기를 이용하려고 해도 이렇다 할 가이드가 없어 어떤 앱을 사용하면 좋을지 감을 잡기가 어렵습니다. 7차시와 8차시 역시 알을 낳는 동물의 한살이와 새끼를 낳는 동물의 한살이를 주제로 수업하는데, 이때도 역시 도감과 스마트기기가 준비물로 필요하므로 똑같은 어려움을 겪습니다.

가장 큰 문제는 차시가 진행될수록 학생들이 여러 곤충의 한살이, 알을 낳는 동물의 한살이, 새끼를 낳는 동물의 한살이를 교과서나 다른 도감 속 자료로만 관찰하고 의사소통해야 한다는 점입니다. 학생들은 직접 개를 길러보거나 달걀을 부화시켜보고 싶어 합니다. 수업 시간에 준비된 사진과 자료만으로 진행하는 학습활동을 지루하게 생각하기도 합니다. 따라서 학생들의 활발한 의사소통과 분류 경험을 돕기 위해 교사는 실제 경험을 대체할 만큼 생생하고 넓은 범위의 사진이나 그림 자료, 텍스트 자료를 충분히 제시할 필요가 있습니다. 이때 학생들에게 소개할 수 있는 데이터가 담긴 앱을 미리 조사해두면 배추흰나비 말고 다른 동물들도 직접 사육해보고 싶다는 학생들의 욕구와 함께 다양한 동물에 대한 학생들의 지적호기심 또한 충족시켜줄 수 있습니다.

9~10차시에서는 여러 가지 동물의 한살이를 만화로 표현하는 활동을 합니다. 새끼를 낳는 동물이나 알을 낳는 동물 등 수업 시간에 다룬 동물로 표현활동을 할 수도 있지만, 수업 중에 다루지 않

은 동물의 한살이 과정을 조사한 뒤 만화로 표현하게끔 할 수도 있습니다. 모둠별로 동물을 하나씩 고르게 해 모둠활동으로 진행해도 좋습니다. 동물을 정해 한살이 과정을 정리한 뒤 만화로 표현하고 발표하려면 시간이 많이 걸릴 수도 있습니다. 이 문제는 미술 교과와 연계함으로써 해결할 수 있습니다.

11차시에서는 동물의 한살이에 대한 개념을 정리합니다. 그동안 배운 내용을 떠올리면서 붙임딱지를 사용하거나 생각그물을 활용해 자유롭게 표현해보도록 지도합니다. 간단한 퀴즈를 준비하여 골든벨 형식으로 학생들과 재미있는 퀴즈놀이를 하면서 내용 정리할 수도 있습니다.

동물의 한살이 단원 탐구를 위해 차시마다 해야 할 활동들을 살펴보고 효과적인 지도방법을 고민한 끝에 단원 전반에 걸쳐 활용할 수 있는 스마트기기 준비물을 소개해야겠다는 생각이 들었습니다. 또 무성의하게 알아서 검색하라고 하고 싶지 않아 정선되어 있으면서도 어느 정도 조사도 필요한 앱을 찾아본 결과 |국가생물종지식정보시스템| 앱을 학생들에게 소개할 수 있었습니다.

|국가생물종지식정보시스템|은 PC에서 웹사이트로 사용할 수도 있고 스마트기기에서 모바일 웹으로도 사용할 수 있습니다. 이 앱에서는 식물, 곤충, 버섯, 포유류, 조류 등 다양한 생물이 도감 형태로 제시됩니다. 생물마다 그림 또는 사진으로 제시돼 생김새를 편하게 관찰할 수 있고, 교육용 메뉴가 따로 있어 학생들이 조사할 때도 쉽게 자료를 검색해 찾을 수 있습니다.

3단원에서 활용방법은 다음과 같습니다. 암수의 구별이 쉬운 동물과 어려운 동물을 찾고 생김새의 특징을 설명하는 2차시에 [국가생물종지식정보시스템]으로 조사하려는 동물을 검색하면 사진이 나옵니다. 앱의 사진을 관찰하며 암수를 구별할 수도 있고, 암수에 따라 하는 일이 어떻게 다른지도 구체적으로 알아볼 수 있습니다. 배추흰나비를 기르기 위해 조사하는 3차시의 도입 활동에서도 배추흰나비를 검색하고 나비 키우기에 필요한 준비물, 먹이, 환경을 조사하고 알맞게 준비할 수 있습니다. [국가생물종지식정보시스템] 앱은 여러 가지 곤충부터 알을 낳는 동물과 새끼를 낳는 동물을 조사하는 6~8차시 활동에서도 활용할 수 있습니다. 또 여러 가지 동물의 한살이를 만화로 표현하는 9~10차시의 활동에서도 표현하고 싶은 동물을 선택하기 위한 조사과정에서 사용할 수 있습니다.

▶여러 종류의 곤충의 생김새와 특징들을 앱으로 학습하는 모습

01. http://m.nature.go.kr에 접속합니다.

02. 메인 화면을 아래로 내려 다양한 메뉴를 볼 수 있습니다.

03. 찾아보고 싶은 동물의 이름을 검색창에 입력한 뒤, 돋보기 모양의 **검색 버튼**을
 누릅니다.

04. 검색 결과에서 원하는 항목을 눌러 정보를 확인할 수 있습니다.

05. 기본정보 아래의 각 사진을 눌러 여러 사진을 볼 수 있습니다.

06. **일반정보**를 누르면 여러 특징과 자세한 정보를 확인할 수 있습니다.

07. 메인화면의 **'생물교실'**에서는 각 생물의 기원, 구조, 기르기 등에 대한 정보를 얻을 수 있습니다.

08. 원하는 항목을 눌러 생물에 대한 정보를 확인할 수 있습니다.
    그중 **'곤충교실'**을 살펴보겠습니다.

09. **'곤충교실'**에서는 곤충에 대한 자세한 정보를 얻을 수 있습니다. 상단의 메뉴를
눌러 다양한 정보를 확인합니다.

10. **'곤충기르기'** 메뉴에서 여러 곤충 키우기에 대한 정보를 얻을 수 있습니다. 나비
키우기에 대해 알아보기 위해 **'나비'**를 눌러보겠습니다.

11. **'나비'**에서 나비를 키우는 데 필요한 사전준비물, 주의점, 먹이 등에 대한 정보를
    확인할 수 있습니다.

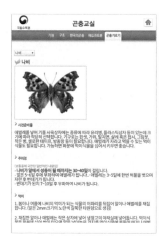

동물의 생활

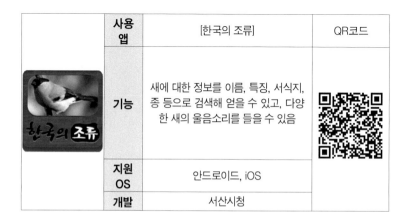

	사용 앱	[한국의 조류]	QR코드
	기능	새에 대한 정보를 이름, 특징, 서식지, 종 등으로 검색해 얻을 수 있고, 다양한 새의 울음소리를 들을 수 있음	
	지원 OS	안드로이드, iOS	
	개발	서산시청	

 성취기준

[4과03-01] 여러 가지 동물을 관찰해 특징에 따라 동물을 분류할 수 있다.

[4과03-02] 동물의 생김새나 생활 방식이 환경과 관련되어 있음을 설명할 수 있다.

[4과03-03] 동물의 특징을 모방해 생활 속에서 활용하는 사례를 발표할 수 있다.

차시 안내

[1차시] 동물 이름 맞히기 놀이하기

[2~3차시] 주변에 사는 다양한 동물 알아보기

[4차시] 특징에 따른 동물 분류하기

[5차시] 땅에 사는 동물의 특징 알아보기

[6차시] 사막에 사는 동물의 특징 알아보기

[7차시] 물에 사는 동물의 특징 알아보기

[8차시] 날아다니는 동물의 특징 알아보기

[9차시] 실생활에서 동물의 특징을 활용한 사례 알아보기

[10~11차시] 동물의 특징을 활용한 로봇 설계하기

[12차시] 동물의 생활 정리하기

 **차시 활동**

어린 시절, 하교할 때 보면 가끔 종이 상자에 담겨 삐약삐약 울고 있는 병아리들이 보였습니다. 어떻게 키워야 하는지도 모르면서 그저 귀엽고 예쁘다는 이유로 한두 마리씩 집으로 데리고 갔습니다. 그렇게 데리고 간 병아리들은 대부분 며칠이 가지 못해 죽어버렸습니다. 병아리를 잡고 펑펑 우는 모습에 부모님은 잘 키우지도 못할 거면서 왜 사 왔냐고 잔소리를 했습니다. 이후 고학년이 되면서 병아리를 파는 할아버지를 보면 눈으로 귀여운 병아리들을 구경만 할 뿐 사 가려는 마음은 갖지 않게 됐습니다. 병아리가 닭이 되기까지 책임지고 잘 키울 자신이 없어진 탓이었습니다. 교사가 된 뒤에도 교문 앞에 병아리 장수가 온 적이 있습니다. 학생들은 귀엽다며 호주머니에서 용돈을 꺼내 한두 마리씩 사 갔습니다. 기뻐하며 귀여운 병아리를 키울 기대를 잔뜩 품은 아이들의 얼굴은 예뻤지만, 시름시름 앓으면서 죽어갈 병아리들의 미래와 아이들의 울먹거림이 보이는 듯해 측은하기도 했습니다.

'아이들이 잘 키울 수 있을까?'

'며칠 안 가서 죽으면 많이 슬플 텐데…'

이런 생각이 머릿속을 스쳐 지나갔습니다. 병아리는 주로 저학년이 사가는 듯했는데, 순전히 호기심만으로 생명을 돈 주고 산다는 사실이 걱정스러웠습니다. 학생들이 자기 집 환경은 병아리 사육에 적합한지 한 번쯤 고민하고, 방법을 찾아본 뒤에 구매 여부를 결정하는 현명함을 발휘하면 좋겠다는 생각이 들었습니다. 3학년 과학 '동물의 생활' 단원의 내용을 알고 있는 학생이라면, 그런 현명함을 발휘할 수 있을 텐데 하는 생각과 함께 말입니다.

'동물의 생활'은 학생들에게 동물 사진만 보여줘도 흥미를 많이 느끼는 단원입니다. 사막, 물에 사는 동물을 배우는 차시에 귀여운 사막여우나 수달 사진만으로도 자연스럽게 흥미를 유발시킬 수 있습니다. 동물원이나 수족관에 가본 적이 있는 아이들은 사진만 봐도 즐거운 추억을 떠올리며 과학 수업에 적극적으로 참여합니다. 이렇게 3학년 학생들이 재미있어하는 '동물의 생활' 단원은 다음과 같이 진행됩니다.

1차시에서는 '다섯 고개, 몸짓으로 말해요' 등 놀이로 동물 이름을 알아맞힙니다. 이런 놀이로 학생들은 여러 동물에게 호기심과 흥미를 느끼고, 동물마다 어떤 특징이 있는지 생각해보게 됩니다. 교과서에 제시된 놀이 외에도 빙고 놀이, 동물 사진조각과 함께 이름 맞히기, 동물 이름을 이용한 초성 놀이 등 수업에 활용할 수 있는 놀이는 다양합니다. 유의할 점은 주변에서 쉽게 볼 수 있는 친숙한 동물을 놀이에 활용해야 한다는 점입니다. 학급의 모든 아이들이 유추로 동물 이름을 맞히는 과정을 거치면서 2단원 동물의 생활에서 배울 내용에 적극적인 관심과 호기심을 가지게 될 것입니다.

2~3차시에서는 주변 동물을 관찰하고, 특징을 알아봅니다. 2단

원에서 제시된 준비물은 차시별로 동물도감, 돋보기, 사진기, 실물 화상기지만 더욱 효과적으로 다양한 자료를 소개하기 위해 적절한 앱을 활용할 수도 있습니다. 앞서 소개한 [국가생물종지식정보시스템] 앱도 활용 가능합니다. 주변 동물을 관찰하며 과학적 탐구 능력을 함양시키는 것이 학습 목표이므로, 실제 밖으로 나가서 동물을 관찰하거나 채집하도록 지도하는 것이 좋지만, 날씨 등의 이유로 주변 동물을 관찰하기 어려운 환경이라면 동영상 자료도 활용할 수 있습니다.

4차시에서는 과학탐구과정 기능 중 하나인 분류를 경험합니다. 다양한 동물카드에서 공통점과 차이점을 찾아 기준을 세우고, 동물들을 분류합니다. 날개가 있는 동물과 없는 동물, 물에 사는 동물과 땅에 사는 동물, 더듬이가 있는 동물과 없는 동물 등으로 말입니다. 3학년 수준을 고려하여 두가지 기준으로 분류하는 것이 좋습니다. 한 번 분류한 결과를 다른 기준에 따라 한 번 더 분류할 수도 있습니다. 이를테면 다리의 유무로 동물을 분류한 뒤, 다리의 개수에 따라 다시 분류할 수도 있습니다.

4차시 수업 중 유의할 점은 다음과 같습니다. 첫째, 분류기준이 보편적으로 명확하도록 지도해야 합니다. '크다', '작다'는 사람마다 기준이 다를 수 있으므로 무엇보다 크고 작은지(예를 들면 500원짜리 동전보다 큰지 작은지) 기준을 정하도록 합니다. 둘째, 학생들에게 동물의 전체적인 생김새가 잘 나타난 사진이나 그림을 준비하게끔 합니다. 전체적인 생김새가 드러나야 특징을 다양하게 찾아볼 수 있기 때문입니다. 셋째, 이후 차시에서도 동물카드를 사용할 수 있으므로 지퍼백이나 종이봉투에 모아서 잘 보관하도록 합니다.

5차시에서는 땅에 사는 동물의 특징을 설명합니다. 땅에 사는 동물의 종류를 알아보고, 돋보기나 확대경으로 자세히 관찰한 다음 특징을 글과 그림으로 정리하여 설명합니다. 땅에 사는 동물은 땅속과 땅 위, 둘 사이를 오가는 것으로 구분하는데 두더지나 지렁이처럼 땅속에 사는 동물이라도 땅 위에 올라올 수 있으므로 주로 생활하는 곳을 기준으로 지도합니다. 동물을 채집 관찰하면서 개미, 공벌레 같이 작은 동물을 옮길 때는 핀셋 대신에 동물의 이동 경로에 연필이나 종잇조각을 올려두고 관찰할 수 있습니다. 만약 동물이 많이 움직여 관찰이 힘든 경우에는 설탕물 같은 먹이를 주고 관찰하도록 지도합니다. 동물 채집이 어렵다면 찍어온 사진을 확대해서 관찰할 수도 있습니다.

6차시에서는 사막에 사는 동물 특징을 알아봅니다. 물과 먹이가 부족한 사막에도 다양한 동물이 살고 있음을 깨우치고, 사막 동물에게는 그 환경이 살기 적합한 환경임을 알리는 차시입니다. 근처 동물원에 사막 동물이 있다면 현장 체험학습과 연계할 수도 있습니다. 현장 체험학습으로의 연계가 어려울 때는 사진이나 동영상 같은 자료로 사막에 사는 동물의 특징을 관찰하거나 사막에서 사는 동물을 집에서 조사해오라는 과제를 부여합니다. 이렇게 사진이나 동영상 자료, 과제로 조사해온 자료를 바탕으로 수업 시간에 의견을 나누고 정리해보는 과정에서 의사소통, 추리 같은 과학탐구

과정 기능을 익힐 수 있습니다.

7차시에서는 물에 어떤 동물이 사는지 알아보고 특징을 설명해 봅니다. 이번 차시는 학급 준비물로 실물화상기, 모둠 또는 개인 준비물로 동물도감, 물에서 사는 동물이 필요합니다. 학교에 수족관이 있다면 수족관에서 동물을 관찰해봅니다. 물에 사는 동물을 집에서 조사해오라는 과제를 부여할 수도 있습니다. 기준은 주로 생활하는 곳이고, 강이나 호수 및 바다로 장소를 구분합니다. 강, 호수, 바다에 사는 동물을 직접 관찰하기는 어려움이 있으니 사진을 확대해서 관찰하거나 관련 동영상 자료를 보면서 물에 사는 동물의 특징을 알 수 있도록 지도합니다. 이 차시는 수족관 현장 체험학습과 연계할 수도 있습니다.

5~7차시에서는 서식지에 따라 동물들을 분류하고 특징을 알아봅니다. 학생들은 서식지별 동물을 자세하고 다양하게 조사하고 싶어 했습니다. 5차시는 땅에 사는 동물로 개미, 공벌레, 지렁이 등을 실제로 나가서 관찰할 수 있었기에 수업에 흥미와 관심이 높은 편이었습니다. 6차시는 사막에 사는 동물을 실제로 관찰할 수가 없어 사진이나 동영상 자료 위주로 수업을 구성했지만, 평소 쉽게 접할 수 없는 신기한 동물들이다 보니 그럭저럭 즐겁게 활동에 참여했습니다. 7차시는 물에 사는 동물을 알아보고자 주위 강가나 바다에서 볼 수 있는 동물을 인터넷으로 찾아본 다음 모둠별로 조사하게 했습니다. 그런데 3학년 학생 중에는 아직 인터넷으로 정보를 찾는데 서툰 학생이 많았습니다. 정확히 말하자면, 대부분 무슨 자

료를 어떻게 찾아야 할지 갈피를 잡지 못했습니다. 따라서 날아다니는 동물의 특징을 알아보는 다음 차시에서는 좀 더 제한적이지만, 목표하는 자료량이 많은 특화 앱을 소개하기로 마음먹었습니다.

8차시에서 이용한 앱은 [한국의 조류]입니다. 자음별로 카테고리가 나뉘어 학생들이 조사하고 싶은 조류를 쉽게 찾을 수 있습니다. 거의 모든 조류의 사진을 소개해 재미와 흥미를 느끼기도 좋습니다. 특징별 검색 기능도 있는데 색깔, 부리, 서식 시기, 번식 시기, 크기 등으로 분류되므로 2차시 특징에 따른 동물 분류하기와도 연관 지어 수업을 진행할 수도 있습니다. 사실 날아다니는 새를 직접 관찰하기는 어렵습니다. 그러므로 8차시 학습에는 [한국의 조류] 앱을 이용한 수업이 효과적입니다.

날아다니는 동물을 배우면서 학생들은 다양한 조류에 대해 체계적으로 배웠습니다. 8차시 수업이 끝나고 추가로 병아리를 키우는 방법도 학생들과 함께 검색해봤습니다. 학생들은 병아리들의 귀여운 사진만 검색하는 것이 아니라 [한국의 조류] 앱에서 공부한 것처럼 병아리의 생육 조건, 특징, 양육 시 주의점 등 과학적으로 병아리의 특성을 조사했습니다.

9차시에서는 생활 속에서 동물의 특징을 활용한 예시를 알아봅니다. 8차시에서 이미 앱으로 조사학습을 해본 덕분인지 컴퓨터실에서 수업해보니 학생들은 다양한 검색 키워드를 적었습니다. 9차시에서는 동물 모양 학용품, 동물무늬 옷이나 신발 등 외형적 특징인 생김새 위주로 수업을 진행합니다. 또 로봇의 경우는 이번 차시에서는 간단히 다루고 다음 차시에서 동물의 특징을 활용한 로봇에 대해 자세히 다루도록 합니다.

10~11차시에서는 동물의 특징을 활용한 로봇을 설계합니다. 컴퓨터실에서 수업할 수도 있지만, 로봇의 종류를 집에서 조사해오도록 학생들에게 과제를 부여할 수도 있습니다. 로봇 설계만큼 글로된 기능 설명이 중요함을 안내하고, 설계한 로봇을 클레이 점토나 찰흙으로 만들어봅니다. 교과서나 유튜브를 통해 몇 가지 예시를 보여주면 좀 더 다양하게 로봇을 떠올리는 데 도움이 됩니다. 로봇의 예로는 게의 특징을 활용한 크랩스터, 도마뱀 발바닥 구조를 응용한 스티키봇, 빠르게 달리는 치타로봇, 통신하며 물건을 옮기는 개미로봇 등이 있습니다. 이때 두 가지 이상의 동물의 특징을 혼합해 로봇을 설계할 수도 있음을 지도합니다. 학생들이 설계한 로봇에는 카멜레온의 특징에 날파리의 생김새를 더해 탐색에 특화된 로봇, 독수리처럼 눈이 좋고 아프지 않게 피를 뽑는 모기 로봇 등이 있었습니다.

12차시에서는 배운 내용을 떠올리며 붙임딱지를 사용하거나 그림을 그려가며 동물의 생활 단원의 내용을 정리해보도록 지도합니다. 동물을 주제로 초성 놀이, 빙고 놀이를 진행하면서 학습 내용을 재미있게 정리할 수 있습니다.

▶과학 시간에 배운 여러 종류의 조류들에 대해 검색으로
그 특징과 모습을 알아보고 분류해 보는 모습

01. 메인화면에서 다양한 메뉴를 이용할 수 있습니다. **오른쪽 위의 아이콘**을 눌러 전체 메뉴로 이동합니다.

02. 새에 대한 정보를 얻기 위해 원하는 방식을 선택해 검색합니다. 먼저 **'위치기반검색'**에 대해 알아보겠습니다.

03. **'위치기반검색'**으로 내 위치 근처, 내가 알고 싶은 지역에 어떤 조류가 사는지 한 눈에 볼 수 있습니다.

04. 지도 위에 빨간색 점으로 나타나는 새의 위치를 누른 후, 새에 대한 자세한 정보를 알기 위해 **'상세보기'** 버튼을 누릅니다.

05. '상세보기'로 새의 모습과 자세한 정보를 얻을 수 있습니다. 화면을 내리면 더 많은 정보를 볼 수 있습니다. 정보를 확인한 후에는 **왼쪽 아래의 홈 버튼**을 눌러 메인화면으로 돌아갈 수 있습니다.

06. 01의 메인화면 메뉴에서 **'특징별 검색'**을 눌러 새에 대해 알고 있는 여러 특징으로 검색합니다.

07. **'색깔'**에서는 새가 가진 특징적인 색을 선택해 입력합니다. 여러 색깔을 중복으로
선택할 수 있습니다.

08. **'부리'**에서는 새가 가진 특징적인 부리 모양을 선택합니다. 이 외에도 도래 현황,
서식/번식 시기, 서식/번식지, 크기 등의 특징을 선택할 수 있습니다.

09. 새의 이름을 모르지만, 특징을 안다면 **'특징별 검색'**을 이용합니다.

10. 01의 메인화면 메뉴에서 **'카테고리 검색'**을 눌러 **'가나다별 검색'**과 **'목/과/종별 검색'**을 이용합니다.

11. **'가나다별 검색'**에서는 새의 이름을 검색창에 입력해 검색합니다.

12. 검색해서 나오는 항목 중 원하는 항목을 눌러 자세한 정보를 확인합니다.

13. 새의 모습과 새에 대한 자세한 정보를 알 수 있습니다.

14. **'목/과/종별 검색'**은 알고 싶은 새의 목/과/종을 눌러 검색하는 방법입니다.

15. 01의 메인화면 메뉴에서 **'새소리서비스'**를 눌러 새의 실제 울음소리를 들을 수 있습니다. 울음소리를 듣고 싶은 새의 이름을 검색창에 입력합니다.

16. 검색한 결과로 원하는 새가 나오면 새의 이름을 누릅니다.

17. 상단의 **재생 버튼**을 누르면 울음소리를 들을 수 있습니다.

식물의 한살이

	사용 앱	[초록이 매니저]	QR코드
	기능	식물의 성장을 기록하는 앱으로 사진, 일기 쓰기, 물주기 알람 등 식물을 키우는 데 필요한 기능을 사용할 수 있음	
	지원 OS	안드로이드, iOS	
	개발	Lemonclip	

 성취기준

[4과05-01] 여러 가지 식물을 관찰해 특징에 따라 식물을 분류할 수 있다.

[4과05-02] 식물의 생김새나 생활 방식이 환경과 관련되어 있음을 설명할 수 있다.

[4과05-03] 식물의 특징을 모방해 생활 속에서 활용하는 사례를 발표할 수 있다.

 **차시 안내**

[1차시] 씨에서 자라날 식물 상상하기

[2차시] 여러 가지 씨 관찰하기

[3차시] 식물을 기르면서 한살이 과정 알아보기

[4차시] 싹이 트는데 필요한 조건 알아보기

[5차시] 씨가 싹트는 과정 알아보기

[6차시] 식물이 자라는데 필요한 조건 알아보기

[7차시] 잎과 줄기가 자라는 모습 관찰하기

[8차시] 꽃과 열매 관찰하기

[9차시] 여러 가지 식물의 한살이는 어떻게 다른지 알아보기

[10~11차시] 한눈에 볼 수 있는 식물의 한살이 자료 만들기

[12차시] 식물의 한살이 정리하기

 **차시 활동**

　4월 중순쯤 4학년 과학 단원은 3단원 식물의 한살이 단원에 들어섭니다. 마침 식물의 한살이를 알아가기에 적당한 봄 날씨입니다. 꽃샘추위도 사라지고, 햇볕은 따스해 점심을 먹고 나면 나도 모르게 눈이 스르르 감기기도 합니다. 식물을 심기에도 식목일보다는 4월 중순이나 5월 초의 날씨가 더 적당합니다. 식물의 한살이 단원은 학생들이 직접 씨앗을 심고 가꾸면서 관찰하는 활동이 많이 이뤄지기 때문에 사전 교육과정 분석 또한 중요합니다. 단원의 특성상 교실 밖으로 나갈 경우가 많기 때문입니다.

　그런데 '식물의 한살이' 단원은 교과서만으로 진행하기 어렵습니다. 차시의 구성부터 문제입니다. 교과서 순서대로 과학 수업을 진행하면 총 12차시로 구성된 3단원은 4주 만에 끝나지만, 씨앗을 심는 차시는 3차시, 열매나 꽃을 관찰하는 차시는 8차시에 제시됩니다. 3차시에 씨를 심은 뒤 5번의 수업이 진행되는 동안 즉, 2주 만에 식물의 한살이 전체를 확인해야 하는 것입니다. 식물이 자라기에는 너무나 촉박한 시간입니다. 게다가 꾸준한 관찰도 어렵습니다. 처음 씨앗을 심을 때 학생들은 직접 식물을 심고, 가꾸는 일에서 흥미가 많습니다. 하지만 어느 정도 시간이 지나면 소수의 학생만 성실히 관찰하고 기록합니다.

〈교육과정 재구성 이전〉

주	월	수	금
1주	3. 식물의 한살이-1차시	3. 식물의 한살이-2차시	3. 식물의 한살이-3차시
2주	3. 식물의 한살이-4차시 (씨앗심기)	3. 식물의 한살이-5차시	3. 식물의 한살이-6차시
3주	3. 식물의 한살이-7차시	3. 식물의 한살이-8차시 (꽃과 열매 관찰하기)	

위의 교육과정으로 수업이 진행되면 앞서 언급한 것처럼 2주가 안되는 시간에 심기부터 꽃, 열매까지 관찰해야 합니다. 반면, 아래 표와 같이 교육과정을 재구성해 3단원과 4단원을 함께 진행하면 식물의 한살이 전 과정을 충분히 관찰할 수 있습니다. 또한 과학 교과 내에서 재구성뿐만 아니라 타 교과와 시수를 재구성해 식물의 한살이를 관찰할 시간을 조금 더 확보할 수도 있습니다.

〈과학 교과 내 재구성 예시〉

주	월	수	금
1주	3. 식물의 한살이-1차시	4. 물체의 무게-1차시	3. 식물의 한살이-2차시
2주	4. 물체의 무게-2차시	3. 식물의 한살이-4차시 (씨앗심기)	3. 식물의 한살이-4차시
3주	4. 물체의 무게-3차시	3. 식물의 한살이-5차시	4. 물체의 무게-4차시
4주	3. 식물의 한살이-6차시	4. 물체의 무게-5차시	3. 식물의 한살이-7차시
5주	3. 식물의 한살이-8차시 (꽃과 열매 관찰하기)		

이처럼 재구성한 교육과정에 따라 수업하면 식물의 씨앗과 새싹, 줄기, 잎, 꽃 등을 관찰하는데 적절하게 시간을 배분할 수 있습니다.

꾸준한 관찰이 어렵다는 문제 해결을 위해서 학생들이 꾸준히 흥미를 느낄 수 있도록 스마트기기를 이용한 관찰일지도 작성합니다. 학생들은 기록하고 쓰는 것을 귀찮게 생각하지만, 스마트기기는 그 자체만으로도 학생들이 너무나 좋아하는 학습 도구입니다. 사진을 찍어서 첨부하거나 그림이나 글로 기록을 남기기도 간편해 자세히 적기에도 도움이 됩니다. 학생들은 스마트기기를 만지기 위해서라도 관찰일지를 작성하려 할 것입니다. 관찰일지를 잃어버렸다는 학생들도 확연히 줄어듭니다.

처음에는 학생들에게 메모 앱에 사진으로 기록시킬까 했는데, 곧 l초록이 매니저라는 앱을 찾았습니다. 이름대로 식물이 자라는 것을 관찰해 자신이 한 일을 기록하게끔 해주는 앱입니다. 또한 식물을 가꾸는데 필요한 용어를 수록해 좀 더 전문적으로 식물을 관리하게끔 도와줍니다.

이 단원의 주요 주제와 학습 내용은 다음과 같으며 크게 두 부분으로 나눌 수 있습니다.

① 싹이 트는 조건과 식물이 자라는 조건 알기 - 4, 6차시

② 식물이 자라는 과정 관찰하기 - 3, 5, 7, 8차시

1차시에서는 식물이 자라는 과정을 상상하여 그립니다. 씨에서 자라날 식물의 모습을 상상하고 표현함으로써 식물의 한살이에 흥미를 느낄 수 있도록 합니다. 교사는 학생들이 잎의 모양, 줄기 등

을 되도록 자세히 표현하도록 안내합니다.

2차시에서는 여러 가지 씨를 관찰합니다. 눈과 돋보기로 강낭콩, 봉숭아, 사과, 호두 등 다양한 씨앗의 모양, 색깔을 관찰하고 촉감을 느낍니다. 자로 재어 씨앗의 크기를 비교할 수도 있습니다. 최종적으로 여러 가지 씨앗의 모양을 관찰해 그립니다.

3차시에서는 식물의 한살이가 무엇인지 알아봅니다. 학생들은 '식물의 한살이'가 식물의 씨가 싹터서 자라고, 꽃을 피우며, 열매를 맺어 다시 씨가 만들어지는 과정이라는 사실을 깨우칩니다. 화분에 씨를 심는 방법을 공부하고, 실제로 씨앗을 심어 식물을 관찰할 수 있습니다. 씨앗을 심은 다음에는 [초록이 매니저] 앱에서 식물의 이름을 정합니다.

▶ 관찰할 식물을 선택하고 사진을 찍은 뒤 [초록이 매니저] 앱에서 식물의 이름을 정하는 모습

▶식물을 관찰한 뒤 관찰한 특징들을 기록하는 모습

4차시에서는 씨가 싹 트는 데 필요한 조건을 알아보는 실험을 합니다. 이때 씨에 가루가 많이 묻어 있거나 오래돼서 갈라진 씨는 싹트지 않으므로 씨를 구할 때 유의해야 합니다. 조작 변인, 통제 변인이라는 단어 대신에 '다르게 할 조건', '같게 할 조건'이라는 말을 사용하면 학생들이 쉽게 이해합니다.

학생들은 보통 싹트는데 필요한 조건을 햇빛, 양분, 물이라고 말합니다. 이건 학생들이 가지는 대표적인 오개념입니다. 빛은 싹트기에 필수 요소가 아니고, 양분 또한 씨앗 안에 있으므로 필수 요소라고 할 수 없습니다. 이번 차시에서 아이들은 이런 오개념을 수정하고 보완합니다.

5차시에서는 씨가 싹트는 과정을 알아봅니다. 가능하면 쌍떡잎식물과 외떡잎식물을 준비해 학생들이 두 식물의 차이점을 직관적으로 알도록 하면 좋습니다. 이때도 [초록이 매니저] 앱에서 일별로 화분의 변화 과정을 기록하고 관찰하도록 합니다. 참고로 5차시 수업에서 학생들에게 강낭콩 껍질을 뚫고 나온 것이 떡잎이 아니라 뿌리임을 강조해야 합니다. 학생들이 많이 헷갈려 하는 내용이기 때문입니다.

6차시에서는 식물이 자라는 데 필요한 조건을 알아보는 실험을 하는데 '다르게 할 조건' 외의 모든 조건을 같게 설정합니다. 비슷한 크기로 자란 화분 2개를 준비하고, 물만 다르게 할 조건으로 설정해서 하나는 물을 주고 다른 화분에는 주지 않습니다. 며칠 동안 두 화분의 변화를 관찰함으로써 학생들은 식물이 자라는데 물이 필요하다는 것을 알 수 있습니다. 비슷한 방법으로 식물이 자라는 데는 온도, 토양, 습도, 공기가 필요하다는 사실을 공부할 수 있습니다.

▶일별로 두 화분의 식물이 생장하는 모습을 사진으로 찍으며
식물의 변화 과정을 기록하는 모습

7차시에서는 잎과 줄기가 자라는 모습을 관찰합니다. 이때 [초록이 매니저] 앱으로 식물의 상태, 키, 잎의 너비, 잎의 수 등을 관찰, 기록합니다. 날씨도 기록하고 물 주기와 가지치기 여부 등도 기록합니다. 이렇게 간단히 기록하며 식물의 변화 여부를 관찰합니다.

▶식물의 키 같은 변화 과정을
그래프로 확인하는 모습

▶여러 종류의 식물을 [초록이 매
니저] 앱으로 관찰기록한 모습

8차시에서는 작은 몽우리가 꽃봉오리가 되고 꽃이 되는 과정을 관찰함으로써 꽃과 열매가 어떻게 변하는지 관찰합니다. 꽃이 진 뒤 꼬투리가 생기면서 열매가 맺힘을 자연스럽게 알 수 있습니다. 이전에는 꽃과 열매가 동시에 열리는지, 열매가 먼저 열리는지, 꽃이 먼저 열리는지, 잘 몰랐더라도 관찰 이후로는 꽃이 진 뒤에 열매가 맺힌다는 사실을 정확하게 알게 됩니다.

9차시에서는 한해살이 식물과 여러해살이 식물의 한살이를 조사하고 공통점과 차이점을 설명해봅니다. 조사 수업이므로 수업 전에 미리 과제를 내주거나 학교 컴퓨터실에서 함께 여러 가지 식물을 검색해봅니다. 여러해살이 식물 중에는 비비추, 민들레 등 풀도 있으므로 학생들이 나무만 여러해살이 식물이라는 오개념을 갖지 않도록 지도합니다.

10~11차시에서는 한눈에 볼 수 있는 식물의 한살이 자료를 만듭니다. 책, 할핀을 꽂은 원형 돌림책, 입체퍼즐, 입체 책, 뫼비우스의 띠 등 여러 가지 예시를 주어 학생들이 다양한 자료의 형태를 생각해볼 수 있도록 돕습니다. 또 생명의 연속성이 표현될 수 있게 순환되는 구조로 자료 모양을 설계하라고 안내합니다.

12차시에서는 식물의 한살이에 대한 개념을 정리합니다. 강낭콩의 한살이, 씨가 싹터서 자라는 데 영향을 주는 조건, 한해살이 식물과 여러해살이 식물 비교하기 등의 학습했던 내용을 바탕으로 학생들과 퀴즈 형식으로도 진행해볼 수 있습니다.

식물의 한살이 단원은 전체적으로 수업 시간 외에도 틈틈이 스마트기기 이용 활동으로 구성된 탓에 교사는 미리 "관찰할 때만 스마트폰을 사용해야 한다.", "불필요한 촬영, 검색, 게임 등은 금지한다." 등의 주의사항을 안내해야 합니다. 스마트기기가 없는 학생들이 소외감을 느끼지 않도록 태블릿을 한 대씩 빌려주어 해당 앱을 이용하도록 합니다. 마지막으로 수업 시간 외 관찰시간을 중간 놀이시간, 점심시간 등 특정 시간으로만 한정해 교실 내에서의 불필요한 스마트폰 사용을 방지합니다.

▶관찰한 식물의 특징적인 부분이나 인상 깊은 장면을
사진으로 저장하는 모습

▶자신이 관찰한 식물의 변화를
다른 학생들에게 설명하는 모습

01. 앱을 실행할 때 메인화면 오른쪽 위 메뉴 버튼의 **'초록이 추가'** 기능으로 키울 식물을 등록합니다.

02. 식물의 이름과 사진을 등록하고 물주는 시간에 알람을 설정합니다.

03. **'초록이 추가'** 후에는 등록한 식물의 **오른쪽 메뉴 버튼**을 눌러 편집하거나 삭제
합니다.

04. **'초록이 삭제'** 버튼을 누르면 삭제 여부를 묻는 창이 뜹니다.

05. 초록이 추가 후 등록한 식물을 눌러 들어가면 **오른쪽 메뉴 버튼**으로 여러 기능을 사용할 수 있습니다.

06. **'다이어리 추가'** 기능으로 식물의 사진, 상태, 너비, 키, 특이사항을 기록합니다.

07. 다이어리에서 날씨/상태/관리를 구체적으로 기록합니다.

08. 다이어리는 등록한 후에도 **오른쪽 메뉴 버튼**을 눌러 편집하거나 삭제할 수 있습니다.

09. 05의 '**그래프**' 버튼을 누르면 식물의 너비, 키의 변화 내역을 한눈에 볼 수 있습니다.

10. 초록색 선은 너비, 빨간색 선은 키의 변화를 나타냅니다. **오른쪽 위의 공유 버튼**을 눌러 다른 앱으로 공유할 수 있습니다.

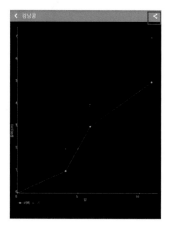

식물의 생활

국가생물종지식정보시스템	사용 앱	[국가생물종지식정보시스템]	QR코드
	기능	식물, 동물 등의 정보를 쉽고 빠르게 검색할 수 있는 모바일 웹사이트로 식물, 동물 기르기에 대한 정보도 얻을 수 있음	
	지원 OS	웹사이트	
	개발	국립수목원	

 성취기준

[4과05-01] 여러 가지 식물을 관찰해 특징에 따라 식물을 분류할 수 있다.

[4과05-02] 식물의 생김새나 생활 방식이 환경과 관련되어 있음을 설명할 수 있다.

[4과05-03] 식물의 특징을 모방해 생활 속에서 활용하는 사례를 발표할 수 있다.

차시 안내

[1차시] 나는 식물 명탐정! (식물 찾기 놀이하기)

[2차시] 잎의 생김새에 따라 식물 분류하기

[3차시] 들이나 산에 사는 식물 알아보기

[4~5차시] 강이나 연못에 사는 식물 알아보기

[6차시] 사막에 사는 식물 알아보기

[7차시] 우리 생활에서 식물의 특징 활용하기

[8~9차시] 식물의 특징을 활용한 생활용품 설계하기

[10차시] 식물의 생활 정리하기

 **차시 활동**

방학 때 연수를 다녀오면 어느새 개학 준비 주간이 찾아옵니다. 개학 준비 기간에 보통 2학기 교육과정을 준비하거나 2학기 평가계획을 제출합니다. 그리고 어떻게 수업을 진행해나갈지 한 단원 정도 대략적인 수업을 설계합니다. 4학년 2학기 1단원은 식물의 생활 단원입니다. 이 단원 수업에도 3학년 1학기 3단원에서 사용한 [국가생물종지식정보시스템] 앱을 활용할 수 있습니다. [국가생물종지식정보시스템]에는 일반적인 동물뿐만 아니라 식물, 버섯, 곤충류도 등록되어 있어 다양한 식물의 탐색에 유리하기 때문입니다.

1차시에서는 식물 찾기 놀이로 학생들이 주변에 사는 여러 가지 식물에 흥미와 호기심을 느끼도록 합니다. 식물 찾기 놀이 과정에서 학생들이 사진기나 스마트폰을 소지하도록 하여 모둠별로 찾은 식물을 사진으로 찍게끔 합니다. 모둠별로 찍은 식물 사진을 프로젝션 TV로 보여주며 다 같이 이야기를 나눠봅니다. 사진 검색 기능으로 찍어온 사진의 식물 이름이나 간단한 특징을 찾아볼 수도 있고, 모둠별로 과제를 수행하고 결과를 비교해볼 수도 있습니다.

2차시에서는 잎의 생김새에 따라 식물을 분류합니다. 식물의 잎을 채집 관찰하고 분류기준을 세워봅니다. 이때 교사는 반드시 현장에 나가야 합니다. 채집 장소는 모든 학생이 관리될 만한 곳으로 정합니다. 채집할 때는 잎과 줄기가 연결된 잎자루 부분을 자르라고 안내합니다. 2차시에서는 잎의 외형적 특징에 따른 분류가 주 활동이므로 번호 붙임딱지로 식물 이름을 외워야 한다는 학생들의 부담을 줄여줍니다.

보통 식물 관찰이라고 하면 학생들은 눈으로 겉모습만을 관찰하는 것으로 여깁니다. 여러 감각 기관과 적절한 도구를 사용하여 대상을 관찰하는 능력이 부족하기 때문입니다. 따라서 교사는 식물 관찰 시 오감 사용하기, 필요에 따라 잎을 잘라보기, 잎의 수 세기, 도구로 관찰하기 등을 함께 지도해야 합니다.

3차시에서는 들이나 산에 사는 식물을 조사하여 특징을 알아보고 풀과 나무의 공통점과 차이점에 대해서도 생각해봅니다. [국가생물종지식정보시스템] 앱을 활용하여 들이나 산에 사는 식물에 대해 구체적으로 조사합니다. 한 차시에 들이나 산으로 탐방 가기가 어렵다면 현장 체험학습이나 창의적 체험활동과 연계하여 수업을 계획할 수도 있습니다. 차후 5~6학년군 '식물의 구조와 기능'에서 뿌리, 줄기, 잎, 꽃과 열매에 대한 지도가 이뤄지므로 3~4학년군 수준에서는 뿌리, 줄기, 잎 구분이 명확한 식물을 중심으로 지도합니다.

4, 5차시에서는 강이나 연못에 사는 식물의 특징을 알아봅니다. 강이나 연못에 사는 식물의 특징을 사는 곳의 환경과 관련지어 설명해보는 활동도 합니다. 여기서도 [국가생물종지식정보시스템]으로 강이나 연못에 사는 식물을 다양하게 조사할 수 있습니다. 교육 과정상 여건이 된다면 강이나 연못에 직접 탐방할 수 있도록 현장 체험학습과 연계하는 것도 좋은 방법입니다.

식물을 직접 조사할 경우 안전에 유의해야 합니다. 예를 들어 식물의 특징을 알아보기 위해 부레옥잠을 잘라본다면 학생들의 안전을 위해 반드시 코팅장갑과 일반 문구용 칼을 사용하게끔 해야 합니다. 무엇보다 뿌리, 줄기, 잎의 형태를 쉽게 관찰할 수 있는 식물을 중심으로 다루는 것이 좋습니다. 부레옥잠의 경우 학생들은 자루를 줄기로 오해하거나, 줄기가 아예 없다고 오해하기도 합니다. 실물 부레옥잠을 준비하여 잎과 잎자루를 구분하게 해봅니다. 부레옥잠을 포기째 준비했다면 잎자루와 뿌리가 만나는 부분과 번식기의 가는 줄기를 구분해줘야 합니다.

학생들은 4, 5차시 학습 과정에서 강이나 연못에서 흔히 볼 수 있는 해캄을 물에 떠서 사는 부유식물(식물체 전체가 물 위에 떠 있는 식물)이나 바다의 해조류를 침수식물(뿌리, 줄기, 잎이 물속에 잠겨 있는 식물)로 오해하기 쉽습니다. 해캄과 해조류는 식물이 아닌 원생생물에 속하므로 식물로 착각하지 않도록 지도해야 합니다. 학생들 스스로 [국가생물종지식정보시스템]에서 해캄과 해조류를 찾아보게끔 하면 어떻게 분류되는지 정확히 알 수 있습니다.

6차시에서는 사막의 환경과 그곳에 사는 식물의 특징을 발표해봅니다. 사막에 사는 식물의 특징을 사는 곳의 환경과 관련지어서도 설명해봅니다. 관찰 재료로 선인장을 구할 때는 학생들이 혹시라도 다치지 않도록 가시가 너무 길거나 단단하지 않은 것으로 준비합니다. 선인장을 자를 때도 안전을 위해 코팅장갑과 문구용 칼을 사용하게끔 합니다. 유리판을 받침 삼아 자르면 투명하여 가시가 보이지 않을 수 있으니 가능하면 나무판이나 나무도마를 사용합니다. 선인장 줄기의 물을 확인하기 위해 줄기의 자른 단면에 깨끗한 화장지를 붙여보는 활동도 효과적입니다.

7차시에서는 우리 생활 속에서 식물의 특징을 활용하는 예를 알아봅니다. 과학 교과서에는 도꼬마리 열매와 찍찍이 테이프의 특징을 알아보는 활동이 제시되어 있는데, 도꼬마리 열매를 구하기 힘들다면 단풍나무 열매, 도깨비바늘, 연꽃잎 등을 실험 재료로 사용할 수 있습니다. 도꼬마리 열매는 6~10월에 열매를 맺는데, 직접 채집하기 어렵다면 시중에서 한방 재료로 파는 것을 구매합니다. 만약 구매한다면 도꼬마리 열매의 갈고리 같은 가시가 잘 보이는지 미리 확인해야 합니다.

8, 9차시에서는 식물의 특징을 활용하여 생활용품을 설계해봅니다. 학생들은 물의 생활 단원에서 학습한 식물의 특징 이외에도 사전에 알고 있던 식물이나 조사 활동으로 새롭게 알게 된 식물의 특징을 활용합니다. 따라서 이때도 [국가생물종지식정보시스템]에서 다양하게 검색한 식물의 특징을 만들고자 하는 생활용품에 적용할 수 있을지 고민해보게끔 합니다. 교사는 식물의 특징을 활용한 다양한 생활용품의 실물이나 사진을 학생들에게 참고삼아 보여줄 수 있습니다.

10차시에서는 식물의 생활에 대한 개념을 정리합니다. 붙임딱지를 사용하거나 생각그물을 그려 배운 내용을 정리하거나 간단한 퀴즈 형식으로 학생들 간 놀이 형식으로 정리할 수도 있습니다.

식물의 생활 단원 내용을 요약하면 잎의 모양, 식물의 서식지 등에 따라 식물을 분류하고, 식물의 특징을 활용할 방안에 대해 생각해보는 단원입니다. 학생들은 스스로 식물을 조사하며 탐구하고 싶어 하지만, 경험이 적은 학생들에게는 인터넷은 물론 도서관에서 직접 자료를 탐색하는 과정 등의 적극적인 조사가 어려울 수 있습니다. 실제로 학생들은 종종 탐구, 조사의 목적과 방법을 잊어버립니다. 학생들에게는 정선되고 어느 정도 한정된 자료를 소개해줄 필요가 있습니다.

인터넷으로 "필요한 자료 찾으세요." 하면 대답은 "네!", 씩씩하게 하지만 얼마 지나지 않아 무엇을 조사해야 하는지, 어디에서 찾아야 하는지 모른 채 멀뚱멀뚱하게 있는 학생이 태반입니다. 몇몇은 선생님 몰래 게임을 하거나 유튜브를 보기까지 합니다. 그러므로 "어느 앱을 이용하세요.", "어느 사이트에 들어가 보세요." 하는 식으로 구체적으로 정해줘야 합니다. 다만 [국가생물종지식정보시스템]은 우리나라의 생물 종에 한정되어 6차시의 사막에 사는 식물 알기 수업 시간에는 사용하기 힘들 수도 있습니다. 스마트기기를 사용하는 데 어느 정도 익숙해진다면 단순히 한 가지 앱에만 국한되지 않고 식물도감 도서를 찾아보거나 인터넷상에서 필요한 자료를 능동적으로 검색하는 활동도 수반되면 좋을 듯합니다.

더불어 [국가생물종지식정보시스템]은 5학년 1학기 5단원 '다양한 생물과 우리 생활' 단원에서도 이용 가능합니다. 사이트 내에서는 동물의 종류뿐만 아니라 식물, 버섯, 곰팡이 종류도 포함해 생물에 대한 조사나 생물의 생육 조건 등과 관련된 생물 단원에 광범위하게 이용할 수 있습니다. 식물 기르기 및 한살이에 대한 정보도 잘 담겨 있어 4학년 1학기 '식물의 한 살이' 단원에서도 특정 식물을 어떻게 기를지, 생육 조건은 어떻게 되는지 참고할 수 있습니다.

▶여러 종류의 식물의 생김새와 특징을 앱으로 학습하는 모습

01. http://m.nature.go.kr에 접속합니다.

02. 메인화면을 아래로 내려 다양한 메뉴를 볼 수 있습니다.

03. 찾아보고 싶은 식물의 이름을 검색창에 입력한 뒤, 돋보기 모양의 **검색 버튼**을
누릅니다.

04. 검색 결과에서 원하는 항목을 눌러 정보를 확인합니다.

05. 기본정보 아래의 각 사진을 눌러 여러 사진을 볼 수 있습니다.

06. 하단에 있는 메뉴 중 **'생육/이용정보' 버튼**을 누르면 식물의 여러 특징과 자세한
    정보를 확인할 수 있습니다.

07. 메인화면의 **'생물교실'**에서는 각 생물의 기원, 구조, 기르기 등에 대한 정보를 얻
    을 수 있습니다.

08. 원하는 항목을 눌러 생물의 정보를 확인합니다. **'식물교실'**을 살펴보겠습니다.

09. **'식물교실'**에서는 식물에 대한 자세한 정보를 얻을 수 있습니다. **상단의 메뉴**를 눌러 다양한 정보를 확인합니다.

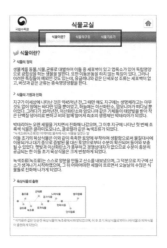

10. **'식물의구조'**에서 메뉴를 눌러 꽃과 열매, 잎의 구조에 대해 알아볼 수 있습니다.

11. **'식물기르기'**에서 메뉴를 눌러 식물 기르기에 대한 정보를 얻을 수 있습니다.

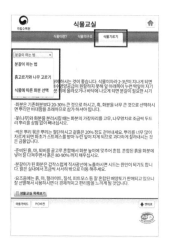

다양한 생물과 우리 생활

	사용 앱	[실감형콘텐츠]	QR코드
AR VR	기능	교과 학습 내용을 중심으로 입체적인 학습을 할 수 있는 체험 활동을 소개함	
	지원 OS	안드로이드, iOS	
	개발	KERIS	

 성취기준

[6과04-01] 동물과 식물 이외의 생물을 조사해 생물의 종류와 특징을 말할 수 있다.

[6과04-02] 다양한 생물이 우리 생활에 미치는 긍정적인 영향과 부정적인 영향에

대해 토의할 수 있다.

[6과04-03] 우리 생활에 첨단 생명과학이 이용된 사례를 조사해 발표할 수 있다.

 **차시 안내**

[1차시] 우리 주변의 다양한 생물 알아보기

[2~3차시] 곰팡이와 버섯의 특징 알아보기

[4~5차시] 짚신벌레와 해캄의 특징 알아보기

[6차시] 세균의 특징 알아보기

[7차시] 다양한 생물이 우리 생활에 미칠 영향 알아보기

[8차시] 첨단 생명 과학이 우리 생활에 어떻게 활용되는지 알아보기

[9~10차시] 다양한 생물을 알리는 홍보 자료 만들기

[11차시] 다양한 생물과 우리 생활 정리하기

😊💬 차시 활동

초등학교 시절 곰팡이 배양 관찰 수업을 한 적이 있습니다. 학교에서 준비물을 제공해주는 시절이 아니라 직접 식빵을 사 와 표면에 물을 뿌리고 상온에 두었습니다. 곧 식빵 표면에 거뭇한 곰팡이가 올라왔습니다. 그렇게 배양된 곰팡이를 학교에 들고 가서 돋보기와 현미경으로 관찰했습니다. 평소 관찰 수업과는 다르게 스스로 곰팡이를 배양하고 관찰했다는 것이 기억에 남는 경험이었습니다.

'다양한 생물과 우리 생활' 단원에서는 동물과 식물 이외의 생물을 조사함으로써 생물의 종류와 특징을 알아봅니다. 이 과정에서 학생들은 이전에 배워왔던 생물과는 조금 다른 생물들을 관찰할 수 있습니다. 곰팡이, 버섯, 짚신벌레, 해캄, 세균같이 평소에 육안으로는 관찰하기 힘든 생물들 말입니다. 그러나 생물의 이름만 들어서는 학생들이 생물의 특징이나 생김새를 떠올리기 쉽지 않습니다. 예를 들어 세균은 직접 관찰하기 어려우므로 사진이나 동영상으로 관찰해야 합니다. 하지만 직접 실물을 관찰해야 기억에 오래 남기에 실체현미경과 광학현미경의 사용법을 익혀 곰팡이, 짚신벌레, 해캄 같은 생물은 충분히 관찰할 수 있도록 연차시로 구성하는 편이 좋습니다. 적절한 다른 자료를 소개한다면 학습 효과는 더욱 커집니다.

1차시에서는 놀이를 통해 우리 주변의 다양한 생물을 알아봅니다. 같은 생물 찾기 놀이는 개개인 앞에 뒤집어진 카드를 두고 순서대로 돌아가며 한 장씩 낸 뒤 같은 생물 카드가 있을 때 종을 먼저 치는 사람이 카드를 갖는 놀이입니다. 놀이를 통해 우리 주변에 사는 다양한 생물에 대해 흥미를 갖고 동식물로 분류되지 않은 생물들, 특히 앞으로 학습할 균류, 원생생물, 세균에 대해 긍정적인 태도를 가질 수 있습니다. 같은 생물 찾기 놀이에서 학생들이 버섯을 식물로 분류하거나 짚신벌레를 동물로 분류하는 오류를 범할 수도 있지만, 이는 이번 단원의 해당 차시에서 다룰 예정이므로 정확한 분류에 초점을 두고 지도하지 않도록 합니다.

2, 3차시에서는 곰팡이와 버섯 같은 균류의 특징과 사는 환경에 대해 알아봅니다. 학생들은 탐구 활동으로 곰팡이와 버섯을 실체현미경을 활용해 직접 관찰합니다. 처음에는 곰팡이와 버섯을 자유 탐색하고, 자세한 관찰을 위한 도구의 필요성을 느낄 때 실체 현미경을 도입합니다. 자유 탐색 과정에서 곰팡이와 버섯을 관찰할 때 곰팡이의 냄새를 맡거나 만지지 않게 주의를 주고 맨눈으로만 관찰시킵니다. 버섯은 오감으로 관찰하게 합니다. 곰팡이와 버섯은 여러 개 준비해 학생들이 충분히 관찰할 수 있게 합니다. 이때 마스크, 실험용 장갑이 제공되면 더욱더 좋습니다. 과학 교과서에는 실체현미경의 각 부분의 이름만 소개되지만, 실제 지도할 때는 교사가 각 부분의 이름과 기능을 함께 지도하는 것이 좋으며 교사는 사전에 실체현미경의 작동 여부와 사용 방법을 충분히 숙지해야

합니다. 실체 현미경을 사용하여 곰팡이를 관찰할 때는 빵 바깥쪽에 퍼진 균사 외에 안쪽에 전체적으로 퍼져 있는 균사체 또한 관찰하게끔 합니다. 빵에 자란 곰팡이들은 균사가 뭉치지 않도록 주의합니다. 버섯을 실체 현미경으로 관찰할 때는 버섯 전체를 가로와 세로로 잘라 관찰하도록 안내합니다.

학생들은 곰팡이를 생물이 아니라고 생각하는 오개념을 가진 경우가 많습니다. 따라서 식물, 동물 같이 여러 기관과 조직으로 이뤄진 것뿐만 아니라 곰팡이같이 작고 간단한 구조를 가진 생물도 있다고 지도해야 합니다. 이를 위해서는 호흡, 영양분 섭취, 번식, 한살이같이 살아 있다는 것을 직관적으로 이해할 수 있는 수준에서 생물과 무생물을 구분해줍니다.

2~3차시에서는 곰팡이에 대한 이해를 높이기 위해 [실감형콘텐츠] 앱 활동을 추천합니다. 우리 일상생활에서 나타나는 곰팡이들을 게임 형식으로 찾을 수 있습니다. 식탁 위의 음식물, 집안의 구석진 곳 등에서 찾은 곰팡이의 특징을 학습합니다. 게임 형식으로 미션을 수행하다 보면 실제 관찰이 힘든 곰팡이일지라도 학생들이 흥미롭고 쉽게 생물의 특징을 학습합니다.

가상의 집안 곳곳에서 곰팡이를 찾아보는 활동은 이후 실제 학생들 집에서도 있을 곰팡이를 찾아보는 활동으로 확장할 수 있습니다. 학생들은 집에서 곰팡이가 발생하기 쉬운 곳이 어디인지 찾아볼 수 있습니다. 이후 실제 학교나 그 외의 장소에서도 곰팡이를 찾아볼 수 있습니다. 곰팡이는 어둡고 습한 곳에 주로 발생하기 때문에 학생들이 안전에 유의해 관찰할 수 있도록 해야 합니다. 또한, 집에서 곰팡이를 발견하는 활동은 학생들이 부끄러워하거나 친구들에게 좋지 않은 인상을 줄까 봐 걱정할 수 있습니다. 가능하면 학교에서 수업 시간에 곰팡이를 한 번에 준비하는 것이 더 좋을 듯합니다.

4, 5차시에서는 짚신벌레와 해캄 같은 원생생물의 특징과 사는 환경에 대해 알아봅니다. 학생들이 짚신벌레 영구 표본과 해캄을 직접 관찰하여 동물, 식물과는 다른 생물임을 이해하고 더 자세한 관찰을 위해 광학 현미경을 활용해보도록 지도합니다. 짚신벌레 영구 표본을 관찰할 때는 표본이 훼손되지 않게 주의합니다. 해캄의 경우는 색깔, 모양, 크기, 움직임, 촉감 등 여러 감각을 사용해서 학생들이 관찰하도록 지도합니다. 교사는 미리 광학 현미경의 조작 방법을 숙지하고, 앞서 배운 실체 현미경과의 차이점도 알려줍니다. 짚신벌레와 해캄은 생물이 아니라고 생각하는 학생들도 있을 수 있는데, 정확히 생물의 정의를 지도하기보다는 짚신벌레나 해캄도 호흡, 번식, 자람, 한살이같이 생명 현상을 보이는 생물임을 이해할 수 있게 지도합니다.

6차시에서는 세균의 특징에 대해 알아봅니다. 세균은 맨눈으로 관찰할 수 없고 학생들이 현미경을 사용해서 관찰하기에도 어렵습니다. 세균의 유무를 직접 관찰할 수는 없지만, 세균으로 인해 일어나는 여러 현상으로 세균이 있다는 것을 이해하도록 합니다. 전체적인 생김새와 생활 방식, 사는 곳을 위주로 세균의 특징을 조사해봅니다. 세균이 하는 일은 7차시에서 다룰 예정이므로 학생들에게 6차시에서는 세균이 하는 일에 대해 다루지 않음을 미리 안내합니다.

학교 컴퓨터실에, 학교의 무선 통신망 환경이 구축된 경우는 태블릿PC 같은 스마트기기로 조사해볼 수 있습니다. 이번 차시에서는 학생들이 갖는 대표적인 오개념이 세균은 생물이 아니라고 생각하는 것입니다. 해로운 물질이라고 생각하는 학생도 많습니다. 동식물로 분류되지는 않지만, 주변에서 영양분을 얻고 자라며 번식 등의 생명 활동을 하므로 세균도 생물이라는 것을 알도록 지도합니다.

7차시에서는 다양한 생물이 우리 생활에 미치는 이로운 영향과 해로운 영향에 대해 토의하고, 다양한 생물과 우리 생활과의 관계를 설명해봅니다. 이 차시는 조사 활동과 토의 활동으로 구성되어 시간이 부족할 수 있으므로 창의적 재량 활동이나 교과 통합 같은 재구성으로 수업하는 것이 좋습니다. 교육과정 재구성이 어렵다면 사전 과제로 조사해오게끔 하고, 실제 수업에서는 토의 활동만 할 수도 있습니다.

조사 후 바로 토의에 들어가기보다는 학생들이 자기 생각을 정리하여 재구성할 수 있는 시간을 주는 것이 좋습니다. 교사는 토의 활동을 위한 모둠 구성도 다시 해볼 수 있습니다. 이로운 영향과 해로운 영향 어느 한쪽이 크다고 생각하는 학생, 동등하다고 생각하는 학생까지 고루 포함하여 모둠을 구성하면 활발한 토의 활동이 일어납니다. 학생들은 대부분 곰팡이와 세균이 질병을 일으키거나 음식을 상하게 한 직간접적 경험이 있어 곰팡이, 균류와 같은 '다양한 생물'은 우리에게 해로운 영향을 더 크게 끼친다는 오개념을 갖고 있습니다. 이번 차시에서 조사, 토의 활동을 하다 보면 다양한 생물이 우리 생활에 이로운 영향과 해로운 영향을 동시에 준다는 것을 알고 학생들 스스로 오개념을 변화시킬 수 있습니다.

8차시에서는 첨단 생명 과학이 우리 생활에 어떻게 활용되는지 조사해봅니다. 첨단 생명 과학은 학생들이 생활 속에서 경험하고 인지할 수 있는 수준으로 지도하며, 이해를 돕기 위해 국어사전이나 인터넷 사전을 활용할 수 있도록 안내합니다. 스마트기기 또는 학교 컴퓨터실을 이용하여 첨단 생명 과학이 우리 생활에 활용되는 예를 찾아보게 합니다. 학생들은 생명 과학이라고 하면 잘 알려진 동식물만 관련되어 있을 거라는 오개념을 갖는 경우가 많습니다. 이는 동식물 외의 생물에 대해 잘 알지 못하기 때문입니다. 이번 차시에서 첨단 생명 과학에서 균류, 원생생물, 세균의 특징을 이용하여 우리 생활에 활용한 예를 조사하면서 학생들은 기존 오개념을 수정할 수 있습니다.

9, 10차시에서는 학생들이 다양한 생물을 알리는 홍보 자료를 만들어봅니다. 홍보 자료 제작에 두 시간보다 많은 시간이 필요할 경우 국어, 미술 등 다른 교과와의 통합 수업을 고려하거나 학생들에게 미리 홍보 자료에 넣을 사진, 내용을 조사해오도록 과제를 부여해서 시간 단축을 할 수도 있습니다.

11차시에서는 다양한 생물과 우리 생활 단원에서 학습한 내용을 정리해봅니다. 교사는 반 전체 학생을 대상으로 골든벨 퀴즈나 초성 퀴즈 등을 준비하거나 모둠별로 진행할 수 있는 간단한 놀이 등 다양한 놀이를 적용하여 학생들이 즐겁게 개념 정리를 할 수 있게 안내합니다.

▶스마트기기를 학생이 직접 들고 움직이면서 학습하는 모습

01. **상단에서 교과, 학년, 학기, 과목, 유형을 선택**합니다. 교과 5학년 1학기 과학 VR
을 선택합니다.

02. **'곰팡이와 버섯 찾기'**를 눌러서 콘텐츠를 내려받고 실행합니다.

03. 3D 모드와 VR HMD 모드 중 원하는 모드를 눌러서 시작합니다.

04. 스마트기기를 움직여서 포인터를 움직일 수 있습니다. 포인터로 **시작하기**를 가리킵니다.

05. 두 개의 콘텐츠 중 원하는 내용을 포인터로 가리켜 선택합니다.

06. 미션에 대한 설명을 듣고 활동을 진행합니다.

07. 스마트기기로 아래를 응시하면 미션카드를 확인하거나 처음으로 돌아갈 수 있습니다.

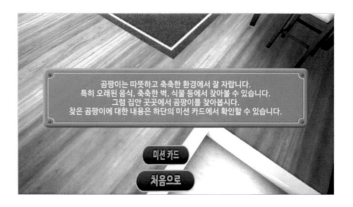

08. **포인터**로 위치 지점을 가리켜 이동합니다.

09. 포인터로 손가락 옆을 가리켜보면 찾고자 하는 곰팡이를 찾을 수 있습니다.

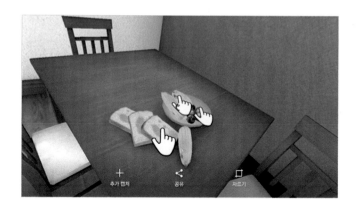

10. 찾은 곰팡이에 대한 설명을 듣고 계속해서 탐색을 진행합니다.

11. 미션카드를 보고 설명을 듣거나 **처음으로** 돌아가서 다른 미션을 진행합니다. 모두 끝냈으면 '종료'를 선택합니다.

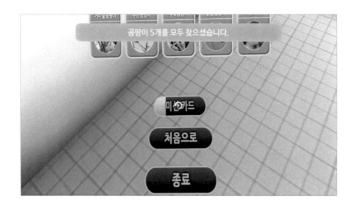

생물과 환경

	사용앱	[실감형콘텐츠]	QR코드
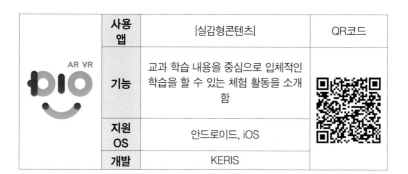	기능	교과 학습 내용을 중심으로 입체적인 학습을 할 수 있는 체험 활동을 소개함	
	지원OS	안드로이드, iOS	
	개발	KERIS	

 성취기준

[6과05-01] 생태계가 생물 요소와 비생물 요소로 이뤄져 있음을 알고 생태계 구성 요소들이 서로 영향을 주고받음을 설명할 수 있다.

[6과 05-02] 비생물 환경 요인이 생물에 미치는 영향을 이해해 환경과 생물 사이의 관계를 설명할 수 있다.

[6과05-03] 생태계 보전의 필요성을 인식하고 생태계 보전을 위해 우리가 할 수 있는 일에 대해 토의할 수 있다.

차시 안내

[1차시] 생태 빙고 놀이하기

[2차시] 생태계가 무엇인지 알아보기

[3차시] 생물 요소 분류하기

[4차시] 생태계 구성 생물의 먹이 관계 알아보기

[5차시] 생태 피라미드와 생태계 평형 알아보기

[6차시] 비생물 요소가 생물에게 끼치는 영향 알아보기

[7차시] 다양한 환경에 적응한 생물 알아보기

[8차시] 환경오염이 생물에게 끼치는 영향 알아보기

[9~10차시] 생태계 보전을 위한 캠페인 도구 만들기

[11차시] 생물과 환경 정리하기

 **차시 활동**

생명 관련 단원은 [실감형콘텐츠] 앱을 활용하기 가장 좋은 단원입니다. 초등학교 과학 수업이 주로 과학실이나 교실에서 이뤄지다 보니 장소의 물리적 한계 때문에 더욱더 그렇습니다. 교실에서 벗어나기 힘든 현실에서 가상으로나마 체험 위주의 수업을 할 수 있게 해주는 VR 콘텐츠는 직접 경험하기 어려운 개념을 다루는 학습에 많은 도움이 됩니다.

생물 단원 중에서도 생태계는 가장 범위가 넓은 단원입니다. 5학년 2학기 생물과 환경 단원은 기존의 생명 단원과는 조금 다릅니다. 기존 단원은 몇 종류의 한정된 동물, 식물을 관찰하거나 그에 관련된 환경들을 알아봤습니다. 예를 들어 3학년 때는 동물의 한살이와 물에 사는 동물, 사막에 사는 동물 등 다양한 환경에 적응하여 사는 동물들을 배우고, 4학년 때는 식물의 한살이와 각각 특징에 적합한 환경에서 살아가는 식물에 대해 학습했습니다.

5학년 때는 좀 더 확장해서, 1학기에는 평소 눈에 직접적으로 보이지 않았던 곰팡이나 균류에 대해 배웁니다. 2학기에는 보다 넓은 영역인 생태계를 다뤄 학생들의 생물에 대한 개념을 확장해서 그들 사이 얽힌 관계까지 살펴봅니다.

학생들과 교과서 내용만 다룬다면 이는 단순한 지식에 불과합니다. 그렇다고 무작정 교실 밖으로 나가 자연 속에서 생태계와 관련된 내용을 학습시키는 것도 교육 여건 상 비현실적입니다. 두 방안을 절충해 [실감형콘텐츠]로 생태계 구성을 체험하듯이 알아볼 수 있습니다. 아마 학생들은 자연스레 자연 속에서 만들어지는 생태 피라미드를 즐겁게 구성하며 설명할 수 있을 것입니다. 이 앱에서 학생들은 동물을 선택하고, 선택한 동물을 움직여 생태 피라미드를 완성합니다. 이 활동은 단순히 생태계 피라미드에 대한 지식만을 다루는 것이 아닙니다. 학생들은 생태계 피라미드를 만들어보면서 스스로 생태계 피라미드에 대한 기능적, 정의적 능력을 함께 키울 수 있습니다.

1차시에서는 생태 빙고 놀이로 주변 환경과 생물에 흥미를 느껴봅니다. 이 차시는 화단, 운동장으로 직접 나가 우리 주변에 어떤 생물과 무생물이 있는지 관찰하는 야외학습으로 구성되었기에 학생들이 이 단원에 대한 긍정적인 태도를 갖게 하기 적합한 활동입니다. 단원의 시작 차시이기에 '생물 요소, 비생물 요소'라는 말 대신 '살아 있는 것, 살아 있지 않은 것'이라고 이해하기 쉽게 표현합니다. 생태 빙고 놀이 활동 시에는 승패보다 학교 주변에 살아 있는 것과 살아 있지 않은 것이 다양하게 있음을 느끼고 관찰하는 데 초점을 맞출 수 있게끔 수업합니다.

2차시에서는 생태계의 의미를 알고 생태계 구성 요소를 생물과 비생물로 분류합니다. 교사는 2차시 수업에서 화단 또는 비 온 뒤 운동장에 생긴 웅덩이 속 작은 생태계부터 숲속이나 태평양 바다 같이 규모가 큰 생태계까지 다양한 예시를 보여줍니다. 5학년 1학기에 생명 단원에서 학습한 원생생물(짚신벌레, 해캄), 균류(곰팡이, 버섯 등)도 생물이라는 점도 떠올리게 합니다.

3차시에서는 양분을 얻는 방법에 따라 생물 요소를 분류합니다. 이전 차시에서는 생태계의 구성 요소를 생물 요소와 비생물 요소로 분류했는데, 이와 혼동하지 않도록 지도합니다. 이 차시에서는 식물의 광합성에 대해 자세히 다루지 않습니다. 6학년 1학기 식물의 구조와 기능 단원에서 구체적으로 다룰 내용이기 때문입니다. 학생들이 평소에 관찰하기 힘든 분해자가 양분을 얻는 과정은 교사가 관련 영상을 미리 준비해 보여줍니다. 학생들에게 버섯은 식물이 아니기에 엽록체가 없고, 양분을 스스로 만들지 못해 다른 방법으로 얻으므로 분해자에 해당됨을 이해시킵니다.

4차시에서는 생태계를 구성하는 생물의 먹이 관계를 알아봅니다. 먹이 사슬과 먹이 그물의 개념을 알고 먹이 관계 놀이를 하면서 생물이 서로 먹고 먹히는 관계에 있음을 이해하게 합니다. 4차시에서는 학생들이 교실 안을 돌아다니면서 공간을 넓게 사용하는 놀이를 하게 되므로 안전사고 예방을 위해 사전에 책상과 의자를 교실 뒤편으로 밀고 교실 바닥을 정돈하며 책상에 걸린 가방은 없는지 확인하는 과정이 꼭 필요합니다. 직접적으로 생물 이름표를 걸고 손을 잡으며 먹이 사슬을 완성해보는 활동도 좋지만 다양한 환경과 생물들이 얽힌 먹이 그물을 알아보기 위해서는 [실감형콘텐츠]를 활용할 수도 있습니다. 직접 여러 생물을 배치해보며 서로 먹고 먹히는 관계를 눈으로 확인할 수 있어 학생들의 흥미도가 높습니다. 먹이 그물을 학습하는 이번 차시에 학생들이 많이 가진 오개념은 포식자가 피식자보다 몸의 크기가 크다는 것입니다. 교사는 피식자가 포식자보다 몸의 크기가 큰 사례들로 오개념을 바로잡아 줄 수 있습니다. 예를 들어 송곳니, 발톱 등 신체의 일부를 사냥 도구로 사용하는 사자 등의 육상 육식 동물이나 거미줄, 독 등을 사냥에 활용하는 거미 등은 자신보다 몸집이 큰 피식자를 잡아먹기도 합니다.

5차시에서는 생태계가 어떻게 유지되는지 알아봅니다. 생태 피라미드와 생태계 평형 개념을 정확히 이해할 수 있게 관련 사례를 제시하는 차시이므로 교사는 생태계 평형과 관련된 다양한 예를 준비하여 수업에 활용하도록 해야 합니다. 이야기 전달 중심의 활동으로 학생들의 흥미가 떨어질 수 있으므로 활동 시에 역할놀이, 만화 그리기 등의 다양한 방법을 활용합니다. 또한 학생들이 5차시 학습을 통해 실제 생태계에서는 교과서에 제시된 인간의 조절뿐만 아니라 자연적인 요인으로도 생태계 평형이 깨지고 이루어지기도 하는 것을 알도록 안내해야 합니다.

6차시에서는 비생물 요소가 생물에 어떤 영향을 주는지 실험으로 알아봅니다. 학생들은 햇빛과 물이 콩나물이 자라는 데 미치는 영향을 실험으로 알아보고, 결과를 관찰합니다. 실험에 필요한 준비물을 준비할 때 보다 정확한 실험 결과와 안전을 위해 자른 페트병의 단면에 테이프를 붙여야 합니다. 콩나물은 떡잎이 달리고 떡잎 아래 몸통의 길이가 길면서 뿌리가 살아 있는 것으로, 어둠상자는 페트병을 충분히 덮을 수 있는 크기로 준비해야 합니다. 2일, 5일, 7일 등 일정한 시간 간격을 정하고 관찰한 내용을 기록하여 콩나물의 자람에 따른 변화를 비교하게끔 합니다.

7차시에서는 다양한 환경에 적응된 생물의 특징을 알아봅니다. 이 차시에서는 학생들이 생물학적 용어인 '적응'을 생물의 능동적인 적응이 아님을 이해하도록 지도합니다. 이와 관련된 학생들의 대표적인 오개념은 다음과 같습니다. 북극여우가 북극의 환경에 적응하려고 하얀 털을 지니게 되었다는 생각입니다. 이는 학생들이 생물학적 용어인 '적응'과 일반적으로 사회에서 쓰이는 '적응'이라는 용어를 혼동하여 생기는 오개념입니다. 생물학적 '적응'은 수 세대에 걸쳐 주어진 환경에 더 적합하도록 행동적, 형태적, 생리적 형질을 나타내는 유전자가 자연 선택으로 다음 세대 자손에 전달된 것을 뜻합니다. 따라서 예시로 든 북극여우 관련 오개념을 정개념으로 제시하면 다음과 같습니다. 북극에 살고 있던 수많은 여우 중에서 북극 환경에 적합한 특성을 지닌 여우만 살아남았고, 오랫동안 이 여우들이 변성하여 살아남은 것이 현재의 북극여우라는 것입니다.

8차시에서는 환경오염이 생물에 어떤 영향을 주는지 알아봅니다. 이 수업에서 학생들은 환경오염의 원인을 알아보고 환경오염이 생물에 미치는 영향을 조사합니다. 스마트기기 또는 학교의 컴퓨터실 이용으로 좀 더 다양하게 조사할 수 있도록 합니다. 조사한 내용은 미술 시간과의 연계로 환경 신문 만들기 등으로 확장할 수 있습니다. 조사 발표는 시간이 부족해 보통 한 차시 내에 끝내지 못하므로 사전에 조사해오도록 과제를 부여하거나 쉬는 시간 또는 점심시간에 조사할 수 있게 하면 좋습니다. 국어, 미술 등 타 교과와의 통합 수업 방법도 좋습니다.

9, 10차시에서는 생태계 보전의 필요성을 알고 생태계 보전 방법을 알리는 캠페인 도구를 만들어봅니다. 생태교육의 중요성이 나날이 강조되고 환경오염, 기후 위기에 대해 경각심이 필요한 때입니다. 이에 대해 다루기 위해 학생들에게 그레타 툰베리를 소개하고 행동하는 환경 운동가가 되어보자고 안내했습니다.

"기후 위기가 이렇게 심각한지 몰랐어요."

"남의 이야기가 아닌 내 이야기라는 것을 알게 되었어요."

기후변화에 맞서 우리 모두가 행동해야 하는 필요성을 알게 된 학생들은 생태계 보전을 알리는 캠페인 도구 만들기에 더욱 진지하게 임합니다. 학생들이 캠페인 도구를 만들 때 모둠별 계획 시간을 충분히 주도록 합니다. 시간이 오래 걸릴 법한 캠페인 도구를 제작할 경우 미술 시간이나 창의적 체험활동 시간과 연계하여 지도합니다. 사전에 역할 분담을 하여 모든 학생이 모둠별 협동을 원활히 하여 캠페인 활동으로 이어질 수 있게 수업을 진행합니다. 완성된 캠페인 도구를 활용하여 등하교 시간이나 창의적 체험활동 시간에 학교 내 교실 안, 밖에서 포스터 부착, 알림 쪽지 배부 등 캠페인 활동을 하도록 안내합니다.

11차시에서는 생물과 환경 단원 내용을 정리해봅니다. 그동안 배운 내용을 바탕으로 모둠별로 과학 기사 써보기, 생물과 환경 속 내용으로 퀴즈 만들어보기 등의 활동을 다양하게 해볼 수 있습니다.

▶3D 모드와 VR 모드로 생태계의 형성과 관계에 대해 학습하는 모습

01. **상단에서 교과, 학년, 학기, 과목, 유형을 선택**합니다. 5학년 2학기 과학 VR을 선택합니다.

02. **'숲의 먹이 그물'**을 눌러 콘텐츠를 내려받고 실행합니다.

03. 3D 모드와 VR HMD 모드 중 원하는 모드를 눌러 시작합니다.

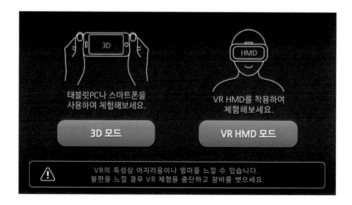

04. 스마트기기를 움직여 포인터를 움직일 수 있습니다. 포인터로 **시작하기**를 가리
킵니다.

05. 세 동물 중 체험하고 싶은 동물을 포인터로 가리켜 선택합니다.

06. 포인터로 목표 지점을 가리켜서 이동합니다.

07. 여러 생물을 포인터로 가리켜서 먹이 그물을 완성해봅니다.

08. 해당 동물이 먹을 수 있는 생물일 경우, 먹이 그물이 완성됩니다.

09. 먹을 수 있는 것을 모두 찾고 나면 완성된 먹이 그물을 볼 수 있습니다.

10. 스마트기기를 아래로 향해 **'처음으로' 버튼**을 선택해 다른 동물을 체험해볼 수 있습니다.

식물의 구조와 기능

	· 사용 앱	[서커스AR]	QR코드
	기능	마커를 스캔해 인식하면 콘텐츠를 AR(증강현실)로 즐길 수 있음	
	지원 OS	안드로이드, iOS	
	개발	circuscompany Co. Ltd.	

 성취기준

[6과12-01] 생물체를 이루는 기본 단위인 세포를 현미경으로 관찰할 수 있다.

[6과12-02] 식물의 전체적인 구조 관찰과 실험으로 뿌리, 줄기, 잎, 꽃의 구조와 기능을 설명할 수 있다.

[6과12-03] 여러 가지 식물의 씨가 퍼지는 방법을 조사하고, 씨가 퍼지는 방법이 다양함을 설명할 수 있다.

차시 안내

[1차시] 식물의 생김새를 몸으로 표현하기

[2차시] 식물을 이루는 세포 알아보기

[3차시] 뿌리의 생김새와 하는 일 알아보기

[4차시] 줄기의 생김새와 하는 일 알아보기

[5차시] 잎이 하는 일 알아보기

[6차시] 잎에 도달한 물이 어떻게 되는지 알아보기

[7차시] 꽃의 생김새와 하는 일 알아보기

[8차시] 열매의 생김새와 하는 일 알아보기

[9~10차시] 식물 연극 공연하기

[11차시] 식물의 구조와 기능 정리하기

차시 활동

학생들의 흥미를 높이는 방법 중 한 가지는 학생들이 경험하지 못했던 장비를 수업에 도입하는 것입니다. 몇 년 전까지만 해도 스마트기기가 그런 역할을 했습니다. 학생들은 스마트기기로 단순히 사진을 찍거나 인터넷 조사 수업만 해도 학습의 흥미를 느꼈습니다. 스마트기기를 만져볼 기회가 적었기 때문입니다. 하지만 현재 초등학교 고학년 학생은 대부분 스마트폰을 가지고 있습니다. 스마트폰을 일상적으로 사용하는 학생들에게 더이상 스마트기기는 신기한 것이 아닌 조금 더 편리한 학습 도구에 지나지 않습니다. 이런 고학년 학생도 흥미를 느끼는 스마트기기 사용법이 바로 4차 산업 시대의 신기술로 주목받는 AR이나 VR 기술을 활용한 수업입니다. AR과 VR 기술은 학생들의 학습 흥미를 높이는데 효과적인 도구입니다.

과학 교과의 경우 실제 생물이나 자연현상을 관찰하는 활동이 많습니다. 관찰과 실험, 실습은 과학을 재미있다고 말하는 학생들의 주된 이유이기도 합니다. 관찰이나 실습수업이 과학 과목에서 중요한 교수, 학습 방법인 것은 분명합니다. 그렇다고 초등학교 과학 수업에서 실제 과학자가 하는 것 같은 실험, 실습이 이뤄지는 것은 아닙니다. 먼저 초등학교 수업은 정선되고 정형화된 수업 진행이 어렵습니다. 발달단계상 학생들이 과학 근거 및 이론을 스스로 제시하는 것도 불가능합니다. 따라서 관찰이나 실험, 실습은 학생들에게 어느 정도 제한되고 정선된 자료를 소개해 교과서에서 제시하는 과학적 결론을 도출하도록 해야 합니다. 즉, 수업 과정에서 교사의 부단한 지도와 안내가 필요합니다. 어떤 가이드 없이 자료를 날것 그대로 제시한 뒤 실험, 실습만 하게 한다면 학생들은 혼란스러워할 것입니다.

6학년 1학기 식물의 구조와 기능 단원을 예로 살펴보겠습니다. 해당 단원은 식물을 세포부터 뿌리, 줄기, 잎, 꽃, 열매 등으로 나누어 관찰하고 각각의 기능을 알아가는 단원입니다. 이 단원은 식물의 세포부터 열매까지 식물의 구조를 한 차시 한 차시마다 직접 관찰하는 활동이 주를 이룹니다. 3차시 뿌리의 생김새를 알아보는 수업에서 교사가 '학생들이 다양한 뿌리를 관찰할 수 있게 해야겠다.'라는 생각으로 다양한 식물 뿌리만을 가득 제시하기보다는 정확한 기준으로 분류해 학생들이 충분히 차이점을 인식할 만한 자료를 제시해야 합니다.

[서커스 AR(증강현실)]의 '식물탐구생활' 메뉴는 학생들이 흥미를 느낄 만한 AR자료를 소개합니다. 더불어 학생들은 실제 식물만 주어질 때보다 그래픽으로 된 자료를 받을 때 식물의 각 기관을 더 체계적으로 구분하며 관찰합니다. 이 앱은 학생들이 실제 식물을 관찰하기 전에 실험 및 관찰 대상에 대해 알아볼 수 있고, 관찰 및 실험 후 정리 단계에서 학습 내용을 다듬을 때 학생들의 성취도 높여줍니다. 식물의 구조와 기능 단원의 수업 진행 과정을 차시별로 살

퍼보면서 학생들이 갖기 쉬운 오개념 혹은 궁금증을 짚어보고, 어느 차시에 [서커스 AR(증강현실)] 앱이 어떻게 사용되면 좋을지 소개하도록 하겠습니다.

1차시에서는 식물의 생김새를 몸으로 표현하는 활동으로 학생들이 단원에 대한 호기심과 흥미를 느끼게끔 합니다. 먼저 식물 구조의 생김새를 관찰할 수 있는 사진이나 실물 자료를 보면서 특징을 알아봅니다. 식물 구조의 특징이 잘 드러나도록 모둠원들과 의논하여 뿌리, 줄기, 잎, 꽃과 열매를 나타내는 동작을 정하게 합니다. 동작을 연습하여 익숙해지면 다양한 변형 놀이로 단원에 대한 흥미를 느끼도록 합니다. 원격수업으로 인해 연극을 하기 어려우면 짧은 만화 그리기나 [구글 문서] 앱을 활용한 모둠별 시나리오 짜기 활동으로 대체할 수 있습니다.

2차시에서는 식물을 이루는 세포가 어떻게 생겼는지 알아봅니다. 광학 현미경을 충분히 확보하여 관찰할 수 있도록 합니다. 이 차시에서 학생들은 두 가지 오개념을 가진 경우가 많습니다. 한 가지는 세포가 모두 크기가 작아 현미경으로만 볼 수 있다는 생각이고, 다른 하나는 크기가 큰 생물의 세포는 크기가 작은 생물의 세포보다 크다는 생각입니다. 첫 번째 오개념은 실제 대부분의 세포는 크기가 작고, 수업 시간에는 현미경으로 관찰할 수 있는 세포를 주로 다루고 있기에 쉽게 발생합니다. 이는 개구리알, 달걀, 신경 세포, 근육세포 등 크기가 큰 세포의 예시를 들어서 정정해줄 수 있습니다. 알은 발생이 시작되기 전에는 하나의 세포로 되어있습니다. 두 번째 오개념은 생물의 크기가 세포의 크기가 아닌 세포 수에 영향을 받음을 알려주고 생물을 이루는 다양한 세포들의 크기를 비교해서 보여줌으로써 바로잡아줄 수 있습니다.

3차시에서는 뿌리의 생김새와 하는 일을 알아봅니다. 이 차시에서는 [서커스 AR(증강현실)] 앱으로 뿌리가 실제로 어떻게 생겼으며 땅속에서 어떤 모양으로 분포되는지 관찰합니다. 줄기의 물관 및 체관에서 물과 양분이 어떻게 이동하는지도 그래픽으로 확인합니다. 이외에도 간단한 문제 및 학습 내용 정리 부분 또한 포함해 학생들의 예습 및 복습에도 훌륭한 자료가 될 듯합니다. 그리고 교과서에 제시된 뿌리의 흡수 기능 실험을 할 경우 몇 가지 유의해서 준비해야 할 것들이 있습니다. 수업 10일 전에 마른 양파 뿌리를 잘라내고 물이 담긴 비커에 뿌리 부분이 잠기도록 놓아둡니다. 수업 당일 뿌리와 잎의 자란 정도가 비슷한 양파 두 개를 비커와 함께 준비합니다. 비커는 양파를 올렸을 때 뿌리가 물에 충분히 닿을 수 있는 크기로 선정합니다.

4차시에서는 줄기의 생김새와 하는 일을 알아봅니다. 줄기에서 물의 이동을 알아보기 위해 백합의 가로 방향 단면과 세로 방향 단면을 관찰합니다. 그런데 이 관찰 실험을 하기 전 준비물을 챙길 때 유의할 점이 있습니다. 첫째, 수업 하루 전에 붉은 식용색소를 탄 물에 백합 줄기를 넣어둡니다. 백합 줄기를 물에 넣을 때는 줄기 끝을 자르고 넣는 것이 좋습니다. 교사는 이 과정을 학생들에게 공유하여 백합 줄기의 물관이 처음부터 붉은색이 아니었음을 알게 합니다. 둘째, 붉은색 대신 다른 색을 사용해도 되지만 일반 그림 물감은 염색이 잘되지 않으므로 사용하지 않습니다. 셋째, 안전사고를 예방하기 위해 날이 한쪽만 있는 칼을 쓰는 것이 좋습니다. 이 실험 외에 교사는 추가로 봉선화 줄기를 제시하여 물이 이동하는 통로의 위치가 식물의 종류에 따라 다를 수 있음을 보여주거나 샐러리를 사용하여 잎자루에서의 물의 이동까지 볼 수 있도록 준비할 수도 있습니다. 학생들은 직접적인 실험으로 줄기의 하는 일을 관찰한 뒤 [서커스 AR(증강현실)]으로 한 번 더 줄기의 구조와 하는 일에 대해 정리합니다.

5차시에서는 잎이 하는 일을 알아봅니다. 이 차시에서는 광합성으로 식물의 잎에서 양분이 만들어지는 것을 실험으로 확인할 수 있습니다. 5차시에서도 3, 4차시와 마찬가지로 [서커스 AR(증강현실)]로 잎의 구조와 하는 일을 알아볼 수 있습니다. 실험과 대등하게 수업 활동으로 넣어 앱 자료를 소개하거나 수업 정리 시간에 활용할 수 있습니다. 이번 차시에서 학생들이 갖기 쉬운 오개념은 광합성이 잎에서만 이루어진다는 생각입니다. 수업 시간에 보통 각 기관의 대표적인 기능을 위주로 가르치기에 생길 수 있는 오개념인데, 이는 식물의 각 기관이 다양한 기능을 동시에 수행하고 있음을 알려주면 바로잡을 수 있습니다. 광합성은 잎, 줄기, 꽃, 뿌리 등 초록색으로 보이는 모든 부분에서 일어나는 작용입니다.

6차시에서는 잎에 도달한 물이 어떻게 되는지 알아봅니다. 이 차시에서는 삼각 플라스크나 눈금실린더 속 물의 양이 줄어들었는지를 확인하는 데 중점을 두고 진행하므로 줄어든 물의 양을 재어볼 필요는 없습니다. 실험 과정에서 유의할 점은 학생들이 모둠별로 식물에 비닐봉지를 씌울 때 비닐봉지 입구를 삼각 플라스크 입구가 아닌 식물 줄기에 묶도록 합니다.

7차시에서는 꽃의 생김새와 하는 일을 알아봅니다. 교과서에 제시된 식물 외에 다양한 쌍떡잎식물의 꽃 사진이나 그림을 보면서 꽃의 구조를 관찰하는 것이 좋습니다. 외떡잎식물보다 암술, 수술, 꽃잎, 꽃받침의 구분이 비교적 명확하기 때문입니다. 이때 [서커스 AR(증강현실)] 앱을 활용한다면 학생들은 더욱 흥미를 느끼고 다양한 쌍떡잎식물의 사진을 스스로 선택하여 살펴보며 꽃의 구조가 어떻게 생겼는지 학습합니다. 이 차시로 꽃의 구조와 각 부분이 하는 일 외에도 다양한 꽃가루받이 방법으로 식물이 곤충이나 새 등 다른 동물들과 도움을 주고받으며 살아가고 있다는 것을 알게 합니다.

8차시에서는 열매의 생김새와 하는 일을 알아봅니다. 이 차시는 열매의 구조와 하는 일을 알아본 뒤 식물이 씨를 퍼뜨리는 방법을 조사 활동으로 알아보게 구성되어 있습니다. 학교 컴퓨터실을 이용하거나 스마트기기를 활용하여 조사 활동을 진행할 수 있는데 한 차시 안에 조사 활동을 마치고 정리하는 것이 힘듭니다. 따라서 미리 조사할 주제를 알려주고 과제를 부여하는 방법 또는 창의적 체험활동과 연계해서 수업시수를 확보하여 여유 있게 활동을 진행하는 방법 등을 사용합니다.

9, 10차시에서는 식물의 기관들이 관련되어 있음을 연극으로 표현합니다. 모둠 구성원의 수나 구성이 연극을 하는 데 지장이 없는지 확인합니다. 내용적 측면에서는 지금까지 학습한 식물의 뿌리, 줄기, 잎, 꽃, 열매의 구조와 기능 사이의 관계를 통합적으로 이해할 수 있는지에 중점을 두고 수업을 안내합니다. 또 연극 대본을 만들고 연극까지 하려면 시간이 부족할 수도 있으므로 모둠별로 맡을 구체적 상황을 나눠주고 대본 만들기와 연극 연습하기는 과제로 제시하여 충분한 시간을 확보하여 공연하도록 합니다. 학생들이 대본 쓰기 자체를 어려워할 경우는 예시 대본을 소개하여 수정 후 완성하도록 합니다.

11차시에서는 식물의 구조와 기능을 정리하는 활동을 합니다. 붙임딱지를 붙여보고 생각그물 그려보기 활동을 교과서로 진행하고 배운 내용을 모둠별, 개인별 놀이로 진행할 수 있습니다.

▶여러 종류의 식물이 생장하는 모습과
각 성장 과정의 특징들에 대해 설명해주는 모습

01. https://sciencelevelup.kofac.re.kr에 접속한 뒤, **오른쪽 위의 메뉴**를 누릅니다.

02. 여러 메뉴 중 AR·VR 메뉴 안의 **증강현실AR**을 누릅니다.

03. **화살표**를 눌러 메뉴를 열고 **'와그작 사이언스(AR)'**를 찾아 누릅니다.

04. 아래쪽에 있는 **'마커 다운로드'**를 눌러 AR 마커를 내려받습니다.

05. 내려받은 마커 중 아래의 그림 같은 **'식물의 구조와 기능'** 마커를 [서커스AR] 앱
　　으로 스캔합니다.

06. [서커스AR] 앱을 실행해 마커를 스캔하면 인식이 되어 AR 화면이 나옵니다. 재
　　생되는 설명을 잘 듣고 상단의 메뉴를 순서대로 눌러서 활동을 진행합니다. 메뉴
　　를 숨기고 싶으면 **상단 가장 오른쪽에 있는 화살표**를 누릅니다.

07. 상단의 '**1**' 아이콘을 눌러 개념을 학습합니다. 화면에서 안내하는 버튼을 눌러 학습을 진행합니다.

08. '**2**' 아이콘을 눌러 다음으로 진행합니다. 화면의 안내를 따라 오른쪽의 아이콘을 눌러 여러 활동을 진행합니다. 오른쪽의 물방울 아이콘을 누르면 중앙 화면에서 반응이 나타납니다.

09. '**3**' 아이콘을 눌러 각 부위에 대한 설명을 들을 수 있습니다. 오른쪽 카메라 아이콘을 누르면 화면을 캡처합니다.

10. **플라스크** 아이콘을 눌러 활동을 정리합니다.

11. **전구** 아이콘을 눌러 배운 내용을 점검합니다.

우리 몸의 구조와 기능

	사용 앱	[꿀렁꿀렁 뱃속 탐험VR]	QR코드
	기능	VR콘텐츠로 소화기관을 탐험하며 과정을 체험하고 각 기관의 기능을 학습할 수 있음	
	지원 OS	안드로이드, iOS	
	개발	circuscompany Co. Ltd.	

	사용 앱	[서커스AR]	QR코드
	기능	마커를 스캔해 인식하면 콘텐츠를 AR(증강현실)로 즐길 수 있음	
	지원 OS	안드로이드, iOS	
	개발	circuscompany Co. Ltd.	

성취기준

[6과16-01] 뼈와 근육의 생김새와 기능을 이해해 몸이 움직이는 원리를 설명할 수 있다.

[6과16-02] 소화, 순환, 호흡, 배설기관의 종류, 위치, 생김새, 기능을 설명할 수 있다.

[6과16-03] 감각 기관의 종류, 위치, 생김새, 기능을 알고 자극이 전달되는 과정을 설명할 수 있다.

[6과16-04] 운동할 때 우리 몸에서 나타나는 변화를 관찰해 우리 몸의 여러 기관이 서로 관련됨을 알 수 있다.

차시 안내

[1차시] 인체 모형을 만들고 몸으로 표현하기

[2차시] 근육과 뼈의 역할 알고 어떻게 작용하는지 알아보기

[3차시] 소화와 소화기관에 대해 알아보기

[4차시] 호흡과 호흡기관 알아보기

[5차시] 순환과 순환기관이 하는 일 알아보기

[6차시] 배설과 배설기관 알아보기

[7차시] 자극과에 대해 알고 감각 기관 알아보기

[8차시] 운동할 때 나타나는 변화 알아보기

[9~10차시] 건강 박람회 열기

[11차시] 우리 몸의 구조와 기능 정리하기

 **차시 활동**

'과학'이라는 단어를 들으면 어떤 생각이 떠오르나요? 보통 복잡하고 알기 어려운 용어들을 떠올리기 쉽습니다. 막상 초등학생들을 대상으로 설문조사해보면 재미있다는 응답이 제법 많이 나옵니다. 그러다 중학생, 고등학생이 되면서 과학이란 과목은 어렵다, 재미없다고 느끼기 시작해 결국은 문과에 가면 평생 공부하지 않아도 되는 어려운 학문이라고 생각합니다. 왜 이렇게 과학을 어려워할까요? 사실 초등학교 '과학' 교과에서는 현상 관찰과 실험 활동을 많이 합니다. 이에 반해 중·고등학생들은 어려운 과학 공식을 암기하고 공식에 맞춰 문제를 풀거나 이론을 알아가는 수업을 합니다. 입시를 위해 과학 교과를 학습하다 보니 당연히 이론 수업에 치우치고 과학적 탐구는 소외되기 마련입니다. 수업이 반복될수록 과학에 대한 흥미가 떨어지는 것도 어찌 보면 당연합니다.

초등학교 과학 수업의 주제들은 학생들이 과학 자체에 흥미를 느끼게 하는 데 도움이 됩니다. 예를 들어 3학년의 동물의 한살이, 동물의 생활 같은 단원들은 자신이 좋아하는 동물들을 배우는 시간으로 수업에 기대하게 합니다. 하지만 고학년이 될수록 과학에 흥미를 잃는 학생들이 나타납니다. 실험과정이 조금 복잡하거나 이론 위주로 암기나 이해가 필요한 단원들은 학생들이 흥미를 느끼지 않습니다. 6학년 2학기 '우리 몸의 구조와 기능' 단원이 대표적인 예시입니다. 우리 몸의 각 기관을 실제로 보거나 만져보면서 탐구하는 활동을 한다면 흥미가 높아지겠지만 그림으로는 생생한 느낌을 전달하지 못합니다. 그렇다고 사진 자료들을 제시하기에는 초등학생들이 받아들이기에 징그럽고 무서워할 염려가 있습니다. 차시별로 우리 몸의 기관을 탐구하는 우리 몸의 구조와 기능 단원을 적절하면서도 생생한 자료와 함께 소개할 수 있다면 학생들이 좀 더 흥미를 느낄 것입니다.

학생들의 흥미를 돋우고 생생한 자료를 소개하기 위한 앱이 있습니다. [꿀렁꿀렁 뱃속 탐험(VR)]과 '뼈와 근육의 상호작용' AR 마커 자료입니다. 해당 자료들은 '사이언스레벨업' 사이트(https://sciencelevelup.kofac.re.kr)에 탑재돼 있으며 누구나 무료로 사용합니다. 우리 몸의 구조와 기능 단원 1차시에서는 인체 모형 만들기를 해보면서 우리 몸에 대한 흥미와 호기심을 가지도록 합니다. 단원에 대한 흥미와 호기심을 끌어내는 데 중점을 두기 때문에 구체적인 명칭이나 역할 등은 언급하지 않아도 됩니다. 인체 모형을 완성 후 이를 이용하여 다양한 동작을 만들고 몸으로 표현해보는 활동을 하는데, 실제 인체에서는 뼈가 연결되는 부분에 따라 회전하는 범위가 다르지만, 모형에는 똑딱단추를 사용했으므로 실제 인체의 움직임과는 다를 수 있음을 안내합니다. 완성한 인체 모형은 다음 차시에도 사용해야 하므로 잘 보관하도록 합니다.

2차시에서는 우리 몸은 어떻게 움직이는지 간단한 실험으로 알아봅니다. 뼈와 근육 모형에서 납작한 빨대는 뼈 역할을, 비닐봉지는 근육 역할을 하는데 이때 실제 근육은 에너지에 의해 움직인다는 것을 설명하여 근육이 비닐봉지처럼 바람에 의해 움직인다는 오개념이 생기지 않도록 지도합니다. 이 차시에서 학생들이 갖기 쉬운 오개념은 "우리 몸이 움직이는 것은 뼈가 스스로 움직이기 때문이다."라는 것입니다. 뼈와 근육이 몸의 내부에 있으므로 실제 움직임을 관찰하기 힘들고 학생들은 인식하기 쉬운 뼈의 움직임만으로 뼈가 스스로 움직인다고 착각하는 것입니다. 이 오개념을 바로잡는 데에는 '뼈와 근육의 상호작용' AR 마커 자료를 활용합니다. 팔의 보이지 않는 안쪽과 바깥쪽 근육 모습을 모두 살펴보게 하면 근육으로 인해 움직임이 일어남을 쉽게 이해합니다. 학생들은 AR 마커 자료로 우리 몸의 뼈의 위치와 기능을 알 수 있고 뼈가 어떻게 움직이는지 확인합니다. 또한, 우리 몸의 근육이 어떻게 움직이는지 알 수 있고 근육의 명칭을 더욱 세세하게 알 수 있습니다. 따라서 인체 모형 실험만으로 우리 몸의 움직임을 지도하는 것보다는 AR 마커 자료를 함께 활용하는 편이 학생들의 흥미는 물론 차시에 대한 이해도까지 높일 수 있습니다.

3차시에서는 우리가 먹은 음식물이 어떻게 되는지 알아봅니다. 소화 기관의 모형을 관찰하여 각 기관의 종류와 위치, 생김새를 알아보는 활동으로 진행됩니다. 이 차시에서는 [꿀렁꿀렁 뱃속 탐험 (VR)] 앱을 활용하면 보다 효과적인 학습이 가능합니다. [꿀렁꿀렁 뱃속 탐험(VR)] 앱에서 VR 기능으로 학생들은 소화 과정을 입에서부터 위, 작은창자, 큰창자까지 탐험하는 형식으로 소화기관의 기능에 대해 학습합니다. 탐험의 과정이 곧 소화의 과정임을 깨달으면서 자연스럽게 학습이 이뤄집니다. 이 차시에서 학생들이 가질 수 있는 오개념 또한 [꿀렁꿀렁 뱃속 탐험(VR)] 앱으로 바로잡아줄 수 있습니다. 간, 이자, 쓸개는 소화와 상관없는 기관이라고 오해하기 쉬운데, 이것은 간, 이자, 쓸개가 음식물이 지나가는 기관이 아닐 뿐만 아니라 간의 경우는 여러 매체에 의해 해독 작용에 초점이 맞춰져 왔기 때문에 생긴 오개념입니다. [꿀렁꿀렁 뱃속 탐험(VR)] 앱에서 소화기관 내부를 체험하는 과정에서 간과 쓸개가 연결되어 있고 이자와 쓸개는 작은창자와 연결되어 있음을 확인합니다. 간에서 만든 쓸개즙은 작은창자로 분비되어 소화를 돕습니다. 소화를 돕는 물질을 만드는데 간, 이자, 쓸개가 작용하는 모습을 앱으로 관찰하며 설명해준다면 오개념을 쉽게 바로잡을 수 있습니다.

4차시에서는 숨을 쉴 때 우리 몸에서는 어떤 일이 일어나는지 알아봅니다. 호흡 기관의 생김새와 하는 일을 모형으로 관찰하고 각 기관의 생김새에 대해 알아볼 수 있습니다. 이때 폐가 움직이면서 호흡을 한다는 오개념을 갖기 쉽습니다. 이전 차시에서 학습한 소화 기관이 스스로 움직이는 것을 보고 착각하기 쉬운 부분인데, 폐에는 근육이 없어 스스로 움직일 수 없음을 설명해주어야 합니다. 폐가 움직이는 것이 아니라 폐를 둘러싼 가로막과 갈비뼈가 움직임으로써 폐 주위의 압력이 변하고 압력 차이로 인해 폐로 공기가 이동하여 숨을 쉬게 됨을 이해할 수 있어야 합니다. 숨을 크게 들이마시고 내쉬도록 하여 갈비뼈의 올라가고 내려가는 움직임을 느끼게 하는 것도 오개념을 바로잡는 데 도움이 됩니다. 또 다른 오개념으로 우리는 산소를 들이마시고 이산화탄소를 내뱉는다고 생각하기도 합니다. 들숨을 산소로만, 날숨은 이산화탄소로만 이뤄져 있다고 생각하는데, 대기 중 가장 많은 부분을 차지하고 있는 기체가 질소이며 산소의 비율은 21% 정도임을 설명해주어야 합니다. 만약 잠수부의 공기통 속 기체 비율 중 산소가 높을 경우 혈중 산소 포화도가 높아져 심하면 사망에 이를 수도 있다는 예시를 함께 들어도 이해에 도움이 될 것입니다.

5차시에서는 혈액이 우리 몸에서 어떻게 이동하는지 알아봅니다. 주입기 실험으로 순환 기관에서 혈액이 어떻게 이동하는지 비교하여 알아봅니다. 이 차시에서는 학생들이 우리 몸의 혈액이 근육으로 직접 전달된다는 오개념을 갖기 쉽습니다. 주입기 실험에서는 우리 몸의 모세혈관이 정맥과 연결되는 모습이 보이지 않아 우리 몸이 혈액을 근육 세포에 직접 전달하는 개방 혈관계라는 오개념이 생기는 것입니다. 따라서 우리 몸은 혈액이 대동맥-동맥-모세혈관-정맥-대정맥 순서로 순환하는 폐쇄혈관계임을 알려주어야 합니다. 주입기 실험에서도 주입기의 관뿐만 아니라 수조도 혈관을 나타내며, 동맥과 정맥이 모세 혈관으로 연결되어 있음을 강조하여 오개념을 바로잡아줄 수 있습니다.

6차시에서는 우리 몸은 노폐물을 어떻게 내보낼 수 있는지 알아봅니다. 이 차시에서 학생들은 배설 기관 모형을 관찰하여 각 기관의 종류와 위치, 생김새를 이해합니다. 또 배설의 개념을 알고 배설

과정 역할놀이를 해봄으로써 배설 기관이 하는 일을 설명할 수도 있습니다. 배설에 관여하는 주요 기관인 콩팥과 방광만 지도하고 오줌관, 요도는 언급하지 않습니다. 배설 기관의 한 종류인 땀샘은 배설보다는 체온 조절이 주요 기능이므로 이 차시에서 다루지 않습니다.

7차시에서는 우리 몸이 자극에 어떻게 반응하는지 알아봅니다. 이 차시는 역할놀이로 자극이 전달되고 반응하는 과정을 학습하는 데 초점이 맞춰져 있습니다. 중추 신경계, 말초 신경계 같은 용어는 중등 학습 요소이므로 이 차시에서는 신경계로 통합하여 사용합니다. 교사가 다양한 상황을 제시해주고 학생들이 각 상황에서 자극의 전달과 반응이 어떻게 일어날지 다양하게 생각해보고 표현할 수 있도록 안내합니다.

8차시에서는 운동할 때 우리 몸의 변화에 대해 알아봅니다. 이 차시는 운동할 때 몸의 변화를 관찰할 수 있도록 직접 몸을 움직여 보는 활동이 진행됩니다. 따라서 체육 교과와 연계하여 운동장에서 활동할 수도 있습니다. 실내에서 수업을 진행할 경우 제자리 달리기를 할 때 아래층 학습에 방해가 되지 않도록 주의하고, 소란이 우려되면 앉았다 일어나기 50번 등 다른 활동으로 대신합니다. 이번 차시에서 학생들은 우리 몸을 구성하는 여러 기관이 관련을 맺고 있음을 알 수 있습니다.

9, 10차시에서는 몸의 각 기관의 기능에 문제가 있을 때 나타날 수 있는 질병을 조사해보고 이를 예방할 수 있는 방법을 알리는 건

강 박람회 홍보물을 만들어보는 활동을 합니다. 미리 학생들이 질병의 명칭이나 예방법 등에 대한 조사 활동을 과제 활동으로 해오거나 다른 교과와 연계하여 확보한 시간에 조사 활동을 할 수도 있습니다. 모둠별로 질병 예방 홍보물을 만드는 계획을 세우고 만드는 활동 또한 미술 교과와 연계해서 지도합니다.

11차시에서는 우리 몸의 구조와 기능 단원에서 배운 내용을 정리해봅니다. 교과서의 붙임딱지를 붙이면서, 그림을 그려 생각 그물을 표현해보면서 정리학습을 진행합니다. 추가로 학생들과 배운 내용을 바탕으로 퀴즈 놀이를 해볼 수도 있습니다.

6학년 2학기 '우리 몸의 구조와 기능' 단원에서는 '뼈와 근육의 상호작용' AR 마커 자료와 [꿀렁꿀렁 뱃속 탐험(VR)] 앱 덕분에 학생들은 실제로 관찰하기 힘든 우리 몸의 구조를 더욱더 생생하게 체험합니다. 이 밖에도 사이언스레벨업 사이트에는 다양한 자료가 있습니다. 책에서 소개한 자료 외에도 각 단원에 알맞은 자료들이 추가로 제시되어 있으므로 꼭 한번 접속하셔서 자료를 확인한다면 도움이 될 것입니다. 학생들에게도 이 사이트를 소개해준다면 스스로 학습할 기회를 더 많이 제공할 수 있을 것입니다.

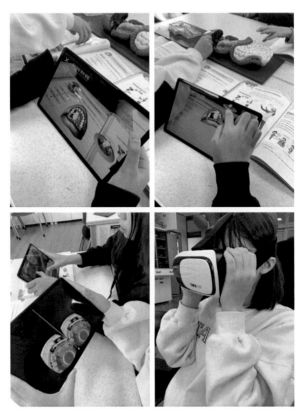

▶AR, VR 학습 자료들로 우리 몸의 구조와 기능에 관해 탐구하는 모습

앱 활용하기

01. 바로 VR앱을 이용할 수도, AR을 체험한 뒤 VR을 이용할 수도 있습니다. AR 콘텐츠를 먼저 이용하려면 https://sciencelevelup.kofac.re.kr에 접속한 뒤, **오른쪽 위 메뉴**를 터치합니다.

02. 여러 메뉴 중 AR·VR 메뉴 안의 **'증강현실AR'**을 누릅니다.

03. **화살표**를 눌러 메뉴를 열고 '**와그작 사이언스**'를 찾아 누릅니다.

04. 아래쪽에 있는 '**마커 다운로드**'를 눌러 AR 마커를 내려받습니다.

05. 내려받은 마커 중 옆의 그림 같은 '**꿀렁꿀렁 뱃 속 탐험**' 마커를 [서커스AR] 앱으로 스캔합니다.

06. [서커스AR] 앱을 실행해 마커를 스캔하면 인식이 되어 AR 화면이 나옵니다.

07. 재생되는 설명을 잘 듣고 중앙의 '**VR**'을 누르면 [꿀렁꿀렁 뱃속 탐험 VR] 앱으로
    연결됩니다.

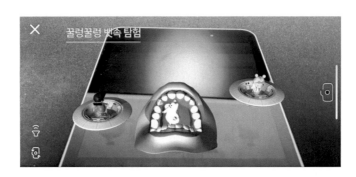

08. VR장비 혹은 카드보드에 스마트기기를 장착하고 앱을 실행합니다. VR장비를
    착용하면 화면이 눈앞에 나타납니다.
    고개를 돌려 포인터(푸른색 점)를 움직일 수 있으며, 선택할 때는 원하는 곳에 포
    인터를 3초 이상 유지합니다.

09. 탐험을 시작하면 각 기관에서 소화가 되는 과정을 보고 관찰합니다.

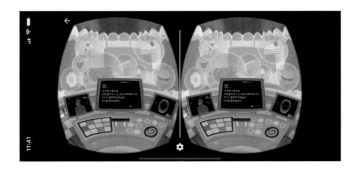

10. 포인터로 레버를 응시해 배 속 탐험을 진행합니다.

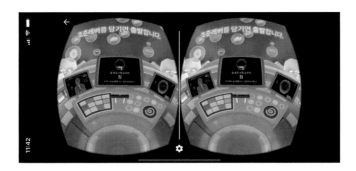

11. 탐험이 끝나면 완료되었다는 화면이 나옵니다.